适合12至13岁

# 百味人生 4

主编 刘颖异

上海教育出版社
SHANGHAI EDUCATIONAL PUBLISHING HOUSE

亲爱的同学，当你打开这本书时，你就开启了一段惬意的旅程。从相遇、相知，到相伴前行，淡淡的书香将一直萦绕在你身边。

在初中语文教材里，你会读到许多名篇佳作，你将会沉浸在充满智慧、有温度的文字世界中，语文素养自然会得到提升。面对神秘奇幻的自然、日新月异的世界、渐趋丰盈的人生，每册教材中的二十几篇课文，恐怕很难再满足你的阅读需求，你的阅读理应更广泛、更自由、更专业。如何让课内外读物有机融合成滋养你成长的沃土？如何让点滴的阅读收获汇聚成助推你遨游书海的动力？我们汇聚全国各地的名师，在研读教材的基础上精选文章，设计帮你实现高效阅读、自主学习的平台和支架……

于是，便有了摆在你面前的这本书。

这本书分为经典诵读、单元学习、整本书阅读三个板块。

第一个板块是“经典诵读”，所选古诗词历久弥新。针对诗词中可能会给你造成阅读障碍的生字难词，我们加注了读音和注释，且辅以专业诵读音频供你赏听以及鉴赏资料供你查阅。希望你能利用每天的晨读或其他课余时间反复诵读，持之以恒，假以时日，定能厚积薄发。

第二个板块是“单元学习”，我们精心挑选了一组与课文主题相关的文章，组合成一个阅读单元，让你在学习课文的基础上拓展阅读更多佳作；针对教材中的每个写作主题，我们也选取了相应的文章（含片段）组成单元，为你的写作指引方向或触发灵感。其中“范文阅读”“组文阅读”“自由阅读”和“类文阅读”四个小标签可提示你采用不同的方式进行阅读。选文之外还附有单元导语、旁批、学习提示、单元学习任务等助读工具，为你的自主阅读提供助力。

带有“范文阅读”标签的文章最贴近教读课文的学习要点，你可以在学过教读课文后，参看这些范文中的旁批和文后的学习提示进行阅读，习得课内所学。

带有“组文阅读”标签的文章都与教读课文主题相关，帮助你在多篇文章的比较阅读中拓宽视野、发展思维、形成能力。阅读时，你可以参看文后的单元学习任务，运用阅读所得解决实际问题，提升语言文字的实际运用能力。

带有“自由阅读”标签的文章与自读课文相关联，你可以根据自己的需要、兴趣自主选择阅读，多读、少读、深读、浅读皆可，如能养成边读边做批注的习惯，你会邂逅更多精彩与惊喜。

带有“类文阅读”标签的是一组与单元写作要求相匹配的文章。这组文章的首篇附有旁批，配合单元写作重点为你的写作实践提供技巧点拨。

第三个板块是“整本书阅读”，推荐书目多为《义务教育语文课程标准（2011版）》中建议初中生阅读的名著。我们设计了“阅读导航”“精彩选篇”“阅读规划”“交流平台”等助读工具，若能激发你的阅读兴趣，为你提供科学的方法指导，助你养成主动阅读整本书的习惯，我们将由衷地感到欣慰。

愿这本书能陪伴着你在阅读的黄金时期，与经典交流，与大师对话，帮助你积累知识，开阔视野，丰富心灵，培育精神，做睿智、优雅的人！

顾之川

## 经典诵读



## 第一单元 高风亮节

### 范文阅读

## 组文阅读



# 第二单元　大爱无疆

## 范文阅读



## 组文阅读

## 第三单元　以事传理

### 自由阅读



## 第四单元　谆谆教诲

### 范文阅读

## 组文阅读



# 第五单元　思路要清晰

## 类文阅读



# 整本书阅读

在经典中浸润，在诗海中徜徉，让心灵开始一次雅韵悠长的旅程。从《诗经》到宋词，从田园到边塞，从婉约到豪放，从现实主义到浪漫主义……那些作品，或率真质朴，或清幽缠绵，或慷慨刚健，或隽永蕴藉，寄托了中华儿女的家国情怀，传承着博大精深的中华文明。

有了诗词的濡染，我们的学习自当渐入佳境；有了经典的浸润，我们的生活定会异彩纷呈。

扫码收听朗诵音频

# 1. 褰 裳[①]

⊙《诗经·郑风》

子[②]惠思我，褰裳涉溱[③]。子不我思[④]，岂无他人？狂童[⑤]之狂也且[⑥]！

子惠思我，褰裳涉洧。子不我思，岂无他士[⑦]？狂童之狂也且！

全诗仅短短的两章，用富于个性的口语描摹，涵泳之际，只觉女主人公泼辣、爽朗的音容笑貌如在眼前，堪称抒情小诗中的精品。诗中女主人公建立在自信、自强上的爱情观，以及纵遭挫折也不颓废的意气，颇能令溺于情者警醒，而给天下弱女子以鼓舞。

① 褰（qiān）裳：提起下裙。褰，提起。

② 子：古代对男子的美称。

③ 溱（zhēn）：与下文的“洧（wěi）”都是郑国的水名。

④ 不我思：即“不思我”。

⑤ 童：未成年男子。

⑥ 也且（jū）：语气助词。

⑦ 他士：其他小伙子。

# 2. 怨歌行

⊙〔汉〕班婕妤

新裂齐纨素[①]，鲜洁如霜雪。
裁为合欢扇[②]，团团似明月。
出入君怀袖，动摇微风发。
常恐秋节至，凉飙[③]夺炎热。
弃捐箧笥[④]中，恩情中道[⑤]绝。

---

① 齐纨素：因齐地所产的纨素最著名，故以齐纨素代指精美的绢。

② 合欢扇：即团扇。

③ 飙（biāo）：疾风。

④ 箧笥（qiè sì）：盛物品的竹箱。箧，小箱子。

⑤ 中道：中途，半路。

这是一首著名的宫怨诗，诗的内容切合班婕妤的身世遭遇。托扇以写怨，是这首诗的主要艺术特色。从字面看，诗中句句写扇，其实句句写女子，借纨扇的遭遇抒写了女子的哀怨之情，纨扇的结局象征着女子被打入冷宫的不幸命运。诗篇通过吟咏纨扇，深刻地揭示出了封建社会女子的悲剧命运，倾诉了女子心中的哀怨和不平。钟嵘《诗品》称这首诗“词旨清捷，怨深文绮”。这首诗题旨鲜明，借物咏怀，诗中所塑造的纨扇形象，意蕴丰富，富于象征性，用以表现女子的哀怨之情，既委婉含蓄，又清新明快，具有很强的艺术表现力。前人很赞赏这首诗含而不露的风格，诗篇之所以不写已经失宠后凄苦哀怨的情状，而以“常恐”二字透露女子心中的一丝忧虑，主要在于维护君主的形象，体现女子温柔敦厚的性格，表现出封建时代贤媛淑女的品格。

扫码收听朗诵音频

# 3. 望月怀远[①]

⊙〔唐〕张九龄

海上生明月，天涯[②]共此时。
情人怨遥夜[③]，竟夕[④]起相思。
灭烛怜[⑤]光满，披衣觉露滋[⑥]。
不堪盈手[⑦]赠，还寝梦佳期。

---

① 怀远：怀念远方的亲人。

② 天涯：极远的地方。

③ 遥夜：漫漫长夜。

④ 竟夕：一整夜。

⑤ 怜：爱惜之意。

⑥ 觉露滋：感觉到露水的寒意。

⑦ 盈手：满手。这里化用陆机“照之有余辉，揽之不盈手”（《拟明月何皎皎》）诗意。

这是一首月夜怀人之作，情深意永，细腻入微。首联是千古传诵的佳句。此两句意谓海上升起一轮明月，远隔天涯的亲人和我都在同一时间眺望共赏。领联两句意谓有怀远之情的人往往埋怨夜太长，通宵难以入睡，引起相思情怀。颈联意谓吹灭蜡烛见到月光满室更觉爱怜，披衣出户，夜静更深，露水沾湿了衣裳。尾联两句意谓月光虽美好，却不能抓一把送给远方的亲人，只好回屋睡觉，希望做个好梦，梦见欢愉的时刻。望月怀远，相思难眠，梦中相逢，都是人世间常有的情景，诗人娓娓道来，亲切感人。此诗从“望月”二字着笔，由望月而起相思，愈望而相思愈烈，以至于长夜难眠，竟生“不堪盈手赠，还寝梦佳期”的妙想。全诗情景交融，韵味深厚，前人称之为“五律中的《离骚》”。

# 4. 登柳州城楼寄漳、汀、封、连四州刺史

⊙〔唐〕柳宗元

城上高楼接大荒[①]，海天愁思正茫茫。
惊风[②]乱飐[③]芙蓉水，密雨斜侵薜荔[④]墙。
岭树[⑤]重遮千里目，江流曲似九回肠[⑥]。
共来百粤[⑦]文身[⑧]地，犹自音书滞[⑨]一乡！

---

① 大荒：荒僻遥远的地方。

② 惊风：狂风。

③ 飐（zhǎn）：吹动。

④ 薜（bì）荔：一种缘墙牵藤常绿藤本植物。

⑤ 岭树：重岭密林。

⑥ 曲似九回肠：千回百转，有如九曲回肠。

⑦ 百粤：指当时五岭以南各少数民族地区。

⑧ 文身：我国古代南方少数民族有在身上刺花纹的风俗。《庄子·逍遥游》："宋人资章甫而适诸越，越人断发文身，无所用之。"

⑨ 滞：停滞，这里指音信不通。

这首诗抒发了诗人与朋友离别的郁闷心情，造成这种心情的正是特定的政治斗争。诗人参与王叔文政治改革失败后被贬为永州司马，十年后奉诏回京，只望人生境遇有所改观，不想刚到长安，朝廷又改变了主意，将柳宗元等一行五人分别贬到更为偏远的柳州（今广西壮族自治区柳州市）、漳州（今福建省漳州龙海市）、汀州（今福建省长汀县）、封州（今广东省封开县）和连州（今广东省连州市）为刺史。初到柳州任上，诗人就写下了这首诗，表达自己对朋友的思念。

首联铺设了一个空旷的背景，海天相接一片茫茫，却都浸满了愁思，这种心绪使任何美景都失去了色彩。颔联中“芙蓉”“薜荔”本是美艳青葱，却被无情的风雨破坏了美妙的情致，这不禁使诗人愁上加愁。想起离别的朋友，诗人不禁又望向远处，可是重山密林，遮住千里之目，江流曲折，好似九曲回肠。同来这蛮荒之地，本该互通音讯，但山高路远，恐怕得一信也难。读颈联、尾联，再看题目中的“寄”字，就更能体会诗人此刻的痛苦心情。此诗虽表达的是对朋友的思念，但诗句中处处浸透了对自己身世的哀叹。

扫码收听朗诵音频

# 5. 渔　翁

⊙〔唐〕柳宗元

渔翁夜傍西岩①宿，晓汲②清湘③燃楚竹。
烟销日出不见人，欸乃④一声山水绿。
回看天际下中流⑤，岩上无心云相逐⑥。

① 西岩：即西山，在今湖南省永州市。

② 汲：取水，打水。

③ 清湘：指清澈的湘江水。湘水源出于广西，流经永州。

④ 欸（ǎi）乃：摇橹声。

⑤ 下中流：船下中流。

⑥ 无心云相逐：形容白云飘浮不定、时聚时分的状态。

此诗约写于作者谪居永州（今湖南省永州市）期间。诗中描绘了日出前后湘江上景色的神奇变化，塑造了一位悠闲自得、独来独往的渔翁形象。渔翁的自歌自遣、孤芳自赏之情，“不见人”“回看天际”的孤独寂寞，均有诗人自己的影子，颇含几分自况情味。此诗写景写人均简洁而神奇。清丽幽静的景物，孤寂高洁而略带神秘色彩的渔翁，使画面和谐，意境静谧而奇特。此诗语言生动活泼，清新典雅，给人以超凡脱俗之感。

这是柳宗元的名作之一，苏东坡赞此诗曰：“诗以奇趣为宗，反常合道为趣。熟味之，此诗有奇趣。”

扫码收听朗诵音频

# 6. 诉衷情

⊙〔五代〕顾敻

永夜[1]抛人何处去？绝来音。香阁掩，眉敛[2]，月将沉。争忍[3]不相寻？怨孤衾。换我心，为你心，始知相忆深。

赏析

这首词写一位独守空闺的妇女因丈夫不归而产生的深沉怨艾之情。整首词既有文人词的细腻华美，又带有民歌风味，是写闺情的别开生面之作。“永夜抛人何处去”发端突兀，扣人心弦。一个问句，不仅揭示了女子愁怨的根由，而且写出她因久盼不归而产生的焦灼、苦闷和疑虑。虽是直抒胸臆，却生动地反映了女子复杂的心理活动。“眉敛”正是她内心深处压抑不住的怨情的流露。“月将沉”点明女子为怨思所苦而一夜无眠。在辗转反侧之际，往日恩爱厮守的情景不觉浮现于眼前，女子对那位负心男子又思又怨，忍不住发出“争忍不相寻”的嗟叹。至此，种种忧思悬想、寂寞难堪之情统统化为对男子的嗔怪，喷薄而出：“换我心，为你心，始知相忆深。”这里不直言自己相忆之深，而是用对比写法，通过假设，曲折地表达出对男子薄情的不满和自己的一片痴情。这样写不仅含蓄地表达了女子不能把握自己命运、担心被弃的痛苦，而且将女子深挚强烈的感情抒发得更为婉曲。

---

① 永夜：漫漫长夜。

② 眉敛：即皱眉，形容愁态。

③ 争忍：怎忍。

扫码收听朗诵音频

# 7. 鹊踏枝

⊙〔南唐〕冯延巳

谁道闲情[①]抛弃久？每到春来，惆怅还依旧。日日花前常病酒[②]，不辞镜里朱颜瘦。

河畔青芜[③]堤上柳，为问新愁，何事年年有？独立小桥风满袖，平林新月人归后。

这首词写的是词人心头长存的一种惆怅情绪。他是南唐宰相，处在一人之下万人之上，仿佛每天都处在清闲之中，可实际上这份清闲不可能长久维持，因为北方强敌对他的国家虎视眈眈，南唐随时都有灭亡的可能。这个阴影日日夜夜笼罩在他的心头，使他无论如何也不能从这种“闲情”中逃脱出来。

① 闲情：即闲愁。

② 病酒：饮酒过量，醉酒。

③ 青芜：丛生的青草。

扫码收听朗诵音频

# 8. 摊破浣溪沙

⊙〔南唐〕李璟

手卷真珠[①]上玉钩[②]，依前春恨[③]锁重楼。风里落花谁是主，思悠悠[④]。

青鸟[⑤]不传云外[⑥]信，丁香空结[⑦]雨中愁。回首绿波三楚[⑧]暮，接天流。

---

① 真珠：即珍珠，此处指珍珠帘。

② 玉钩：用玉制成的帘钩。

③ 春恨：即伤春的愁思。

④ 悠悠：忧思无穷尽的样子。

⑤ 青鸟：代指信使。古代神话传说，西王母要来访问汉武帝，先派青鸟前来报信。

⑥ 云外：形容极其深邈高远之处。

⑦ 丁香空结：即丁香花含蕾不吐。古诗中常用丁香结来象征愁思郁结。如李商隐《代赠二首》（其一）："芭蕉不展丁香结，同向春风各自愁。"空，徒然。

⑧ 三楚：南楚、东楚、西楚的并称。

此词表面是写女子伤春怀远的幽愁，实则是借此表达作者的愁恨和感慨。上阕中，女主人公为了遣愁消恨，望远寄情而卷帘挂钩。其实，不卷帘已经是“春恨锁重楼”了，只不过眼前景况依然罢了。那风里落花，那郁结着愁闷之气的重楼，都有着无限的愁绪和莫名的惆怅。特别是那风里落花，何处才有归宿？自己的命运也如这落花一样，飘摇散落在空中，面临凋残的命运而不能自主。这就更增加了一种无可奈何和不堪忍受的强烈苦闷，怅恨的情思更加邈远。下阕更写出了女主人公的愁恨之多，而且又没有信件为远方传递消息，就像象征愁心的丁香花蕾一样，郁结不解，含苞未吐。雨中之境界，使丁香花蕾更凄楚动人，以物喻人，也表现女主人公的愁怀郁结。“空”字取徒然之意，“空结”隐含满怀愁思、令人怜惜的意蕴。既然无人理会得了这种春恨，那就只得对着日暮时候广漠的江天，去寄托浩渺的情思了。

# 高风亮节

有这样一群人，他们或站在时代难以逾越的高度，推动了历史发展、社会进步；或用坚定的信念和行动改变世界，为社会发展做出了卓越贡献；或出身平凡但心怀感恩，用高贵的灵魂丰富了人类的精神世界。那些闪光、美好的品格，那些高尚、质朴的灵魂，为我们的人生选择做出了准确的诠释，指明了航向。

阅读本单元文章，要注重运用默读的方法，勾画关键语句，标注你喜欢或者有疑惑的地方。在整体把握文意的基础之上，通过划分段落层次、抓关键语句等方法，理清作者思路，理解文章主旨。还要学习对比、夹叙夹议的写作方法，注意通过概括典型事件、把握典型细节来体会人物的品质。

# 1. 怀李叔同先生

⊙丰子恺

距今二十九年前，我十七岁的时候，最初在杭州的浙江省立第一师范学校里见到李叔同先生，他是我们的音乐教师，即后来的弘一法师。李先生一生的最大特点是“认真”。他对于一件事，不做则已，要做就非做得彻底不可。

文章开门见山，概括了李叔同先生一生的最大特点。试找到文中表现其“认真”的例子，并说一说文章是如何围绕“认真”来写的。

他出身于富裕之家，他坠地后就遭父丧，又逢家庭之变，青年时就陪了他的生母南迁上海。当时上海文坛有著名的沪学会，李先生应沪学会征文，名字屡列第一。当时在上海的他：丝绒碗帽，正中缀一方白玉，曲襟背心，花缎袍子，后面挂着胖辫子，底下缎带扎脚管，双梁厚底鞋子，头抬得很高，英俊之气，流露于眉目间。真是当时上海一等的翩翩公子。这是最初表示他的特性：凡事认真。他立意要做翩翩公子，就彻底地做一个翩翩公子。

后来，他赴日本留学的时候，作一首《金缕曲》，词曰："披发佯狂走。莽中原，暮鸦啼彻，几株衰柳。破碎河山谁收拾？零落西风依旧。便惹得离人消瘦。……长夜西风眠不得，度群生那惜心肝剖。是祖国，忍孤负？"读这首词，可想见他当时豪气满胸，爱国热情炽盛。他在日本时，看见明治维新的文化，就渴慕西洋文明。他立刻放弃了翩翩公子的态度，改做一个留学生。他对于西洋艺术全面进攻，绘画、音乐、文学、戏剧都研究。后来他在日本创办春柳剧社，并演当时西洋著名的悲剧《茶花女》。他自己把腰束小，扮作茶花女，粉墨登场。卷发，白的上衣，白的长裙拖着地面，腰身小到一把，两手举起托着后头，头向右歪侧，眉峰紧蹙，眼波斜睇，正是茶花女自伤命薄的神情。后来，我见过李先生在日本时的照片：高帽子、硬领、硬袖、燕尾服、史的克、尖头皮鞋，加之长身、高鼻，没有脚

李叔同先生留学日本时，面对中西方文化的不同，他的思想和生活发生了变化，后文仍然有类似的变化。引起这些变化的原因是什么？他对西洋文明的学习实践与拥有深厚的旧学功底又是否矛盾？

演技高超，亦是对艺术的认真与投入。

的眼镜夹在鼻梁上，竟活像一个西洋人。由此可以想见，当时他是彻头彻尾的一个留学生。这是第二次表示他的特性：凡事认真。学一样，像一样。

他回国后，在上海太平洋报社当编辑。不久，就被南京高等师范请去教图画、音乐。后来又应杭州师范之聘，同时兼任两个学校的课，我就是杭州师范的学生。这时候，李先生已由留学生变为“教师”。这一变，变得真彻底：漂亮的洋装不穿了，却换上灰色粗布袍子、黑布马褂、布底鞋子。金丝边眼镜也换了黑的钢丝边眼镜。他是一个修养很深的美术家，所以对于仪表很讲究。他穿布衣，全无穷相，而另具一种朴素的美。“淡妆浓抹总相宜”，这诗句原是描写西子的，但拿来形容我们的李先生的仪表，也很适用。他一时代的服装，表现出一时代的思想与生活。各时代的思想与生活判然不同，各时代的服装也判然不同。这是第三次表示他的特性：认真。

衣饰细节见生活，见风度气质，亦见思想变化。寥寥数笔，李叔同先生的形貌风度已跃然纸上。

我读二年级时，图画归李先生教。他本来常读理性的书，后来忽然信了道教，案头常常放着道藏。但他学道的时候很短。不久他就学佛。李先生告诉我，他不久要出家为僧。我愕然不知所对。过了几天，他果然辞职，到了虎跑寺。我们再去望他时，他已光着头皮，穿着僧衣，俨然一位清癯的法师了。我从此改口，称他为“法师”。法师的僧腊（出家时间）二十四年。这二十四年中，他一贯到底，而且修行功夫愈进愈深。他的生活非常认真。举一例说：有一次我寄一卷宣纸去，请弘一法师写佛号。宣纸多了些，他就来信问我，多余的宣纸如何处置？有一次他到我家。我请他藤椅子里坐。他把藤椅子轻轻摇动，然后慢慢地坐下去。起先我不敢问。后来看他每次都如此，我就启问。法师回答我说：“这椅子里头，两根藤之间，也许有小虫伏着。突然坐下去，要把它们压死，所以先摇动一下，慢慢地坐下去，好让它们走避。”读者听到这话，也许要笑。但这正是做人极度认真的表示。

询问多余宣纸的处置、爱惜易为人忽视的小生灵，这份极度认真的背后是对生活、生命和他人的诚恳与敬意，也许唯有如此才会“极度认真”。

现在弘一法师在福建泉州圆寂了。我和李先生在世间的师徒尘缘已经结束，然而他的遗训——认真——永远铭刻在我心头。

（有删节）

李叔同与丰子恺的师生因缘是现代教育史上的佳话。当作为画家和文学家的丰子恺满怀敬慕与怀念追思先生的一生时，可以想见，他笔下的老师是何等的风神生动、真实可感，几笔勾勒，老师的音容便宛在目前。文章节选部分突出了李叔同先生的“认真”，这认真背后无疑有着宏博可敬、真诚高洁的品格。

全文于规矩谨严中见情意深挚，动人心神。阅读时可以勾画圈点，抓住文章的关键语句，理清文章脉络，体会其严谨的结构和温柔敦厚的情感。建议利用图书馆或网络资源搜集关于李叔同的传记作品，以及丰子恺的文章和画作，选择你感兴趣的部分做拓展阅读。

# 2. 夏衍的魅力

⊙王　蒙

在大六部口那个漂亮的四合院和陈设简陋乃至寒酸的房间里，我们从来只谈国家、世界、文艺大事。我说："上星期三，报纸上有一篇重要的报道……"

他说："噢，不是星期三，是星期四。"我为他的水晶般的清晰吓了一跳。因为他是夏衍，比我大三十四岁，他加入中国共产党的时候距离我出生人世还有7年。

简单平常的一句话，写出夏老虽年事已高，但思维敏捷，逻辑清晰。"水晶般的清晰"这一比喻形象生动。

他永远是那么敏捷，条理，言简意赅，不打磕绊，不模糊吞吐，不哼哼哈哈，节奏分明而又迅疾，应对及时而又一针见血。他的这些特点使你不相信他是一个九十多岁的人。

如果是第一次见面，你也许会为他的瘦

削而吃惊，他这个人也像他的思想、语言一样，删除了一切枝蔓铺排，只留下提炼到最后的精粹。据说他从来没有达到过50公斤，在他的生命晚期，他大概只有30公斤体重。

然而，他总是明白透彻，一清见底。

他当然是绝对的前辈，然而他从来不摆前辈的谱。他早就担任高级领导职务了，然而他从来不拿哪怕是一点点官架子。说起待遇，他说50年代[①]有一回他出差到某市，当地按照他的级别给他安排了房间，“那房间大得太可怕。”他说的时候似乎还“心有余悸”。80年代初期，有一次邓友梅同志称他与另一位担任领导职务的老作家为“首长”，他立即打断，说：“不要叫首长。”

此处语言描写突出夏老不摆官架子，平易谦恭。文章中还有哪些地方体现出夏老的魅力？

他真诚待人，渴望吸收新的信息，对于一切新的知识新的动向感兴趣，而且像青年人一样的幽默，在这方面，他永远不老。

我第一次听他讲话是他在第四次文代会上致闭幕词。与一些官样文章不同，夏老语重心长地讲了反封建与学科学，字字出自肺

①指20世纪50年代。

腑，字字是毕生奋斗经验的结晶，寄大希望于年轻人，令人感奋不已。

华艺出版社1990年出版了一个“当代名家新作大系”。出版社领导要我求夏公给写个序。考虑到夏公的高龄，我起草了一个提纲供他参考。夏公给我写了一封信，说是各人文章写起来风格不同，捉刀的效果往往不好，他无法使用我代为起草的提纲，他自己一笔一画地另外写了颇有见地而又清澈见底的序言。他还对一个我们都很熟悉的朋友说：“按王蒙的那个提纲去写，人家一看，就是王蒙的文章嘛，怎么会是夏衍写的呢！”就这样，他老人家把我的提纲“枪毙”了。但可能是为了“安慰”我，他声称他的序言里已经吸收了我的提纲。我也就假装得到了安慰和鼓励，心中暗暗为老人喝彩叫绝。

文中按照时间顺序来组织材料，这样安排有什么好处？

大六部口住所的院落里，有两棵丁香树，一紫一白。1990年开花时节，我去赏花，打从年轻时候我就喜欢丁香。夏老那天也高兴，扶着拐杖出来看花，看小猫在房上跑，他还兴致勃勃地说是它也喜欢丁香花。那场面很像是一幅水墨“新春行乐图”。

想一想，这里为什么用“美”这个字？

人老到一定程度，会有一种特殊的美：那是无限好的夕阳，个性已经完成，是非了如指掌，经验与学识博大精深，知止有定，历尽沧桑，个人再无所求，无欲则刚，刀枪不入，超脱俗凡，关注人生，原谅一切可以原谅的人和事，洞悉一切花拳绣腿，既带棱带角，又含蓄和解。一语中的，入木三分，一言一笑都那么有锋芒，有智慧，有分量有原则有趣味而又适可而止。

今年元月初，我最后一次在他清醒的时候看望他。我们谈论的是社会治安问题与《人民日报》上刊登的胡绳同志的一篇文章：《马克思主义是发展的》。那天他精神很好，坐在椅子上谈笑风生。说“曹操”，“曹操”就到，说着说着胡绳同志进病房来看望夏公来了。据说那是夏公去夏病情不好住院以来情况最好的一天。

倒数第二次与夏公（昏迷前）的见面是去年11月底。他那天十分疲劳，静卧在病床上。他已经卧床数日了。见此情况我稍事问候便起身告辞，以免打搅。夏公平躺着衰弱地说：

“有一个担心……”

我连忙凑过去，以为他有什么话要告诉我。

他继续说：“现在从计划经济转变成为市场经济，而我们的青年作家太不熟悉市场经济了。他们懂得市场吗？如果不懂，他们又怎么能写出反映现实的好作品来呢？”

我感到惊讶。在卧床不起的情况下，夏公关心的仍然是中国的文学事业。

他的离去也是颇有自己的独特风格。1995年1月21日，他清晨起来吃早饭的时候就感觉不好，发了点脾气，摔了一样器皿。于是他自觉不对头，找了子女来，从容地、周到地、得体地吩咐了后事。他说，在他95岁生日的时候有关方面搞的活动，对于他有一个评价，除去溢美的水分，他自己还是满意的。他希望自己走了以后，不搞什么活动，把骨灰撒到他的家乡——浙江——钱塘江里。谈到料理后事的时候，他还提到了陈荒煤与王蒙的名字。两个小时以后，他昏迷过去，从此再没有苏醒过来，直到春节休假过后上班的第二天，他溘然长逝。他一辈子清文中有很多这样评价性的句子，请你找出来，体会夏衍先生的魅力所在。

清白白，走也是清清白白地走了的。

（有删节）

**学习提示**

这篇文章以时间为顺序，叙述与议论相结合，讲述了作者心目中的夏衍的人格美，阅读时要体会这种表达方式的作用。文章语言也很有特点，既有“言简意赅”“独具慧眼”这样含义深刻的书面语，也有“不打磕绊”“刀枪不入”这样的俚俗口语，阅读时注意仔细品味。

我们所处的时代，有许多有魅力的人，其中不乏诺贝尔奖的获得者、共和国勋章的获得者、国家最高科学技术奖的得主、茅盾文学奖的得主……你听说过他们的事迹吗？你也可以写一篇文章记述他们的事迹，表达你的想法或感情。

# 1. 刘云波女医师

⊙朱自清

刘云波是成都的一位妇产科女医师，在成都执行医务，上十年了。她自己开了一所宏济医院，抗战期中兼任成都中央军校医院妇产科主任，又兼任成都市立医院妇产科主任。胜利后军校医院复员到南京，她不能分身前去，去年又兼任了成都高级医事职业学校的校长，我写出这一串履历，见出她是个忙人。忙人原不稀奇，难得的她决不挂名而不做事；她是真的忙于工作，并非忙于应酬等等。她也不因为忙而马虎，却处处要尽到她的责任。忙人最容易搭架子，瞧不起别人，她却没有架子，所以人缘好——就因为人缘好所以更忙。这十年来成都人找过她的太多了，可是我们没有听到过不满意她的话。人缘好，固然；更重要的是她对于病人无微不至的关切。她不是冷冰冰地在尽她的责任，尽了责任就算完事；她是“念兹在兹”的。

刘医师和内人在中学里同学，彼此很要好。抗战后内人回到成都故乡，老朋友见面，更是高兴。内人带着三个孩子在成都一直住了六年，这中间承她的帮助太多，特别在医药上。他们不断地去她的医院看病，大小四口都长期住过院，我自己也承她送打了二十四针，治十二指肠溃疡。我们熟悉她的医院，深知她的为人，她的确是一位亲切的好医师。她是在德国耶拿大学学的医，在那儿住了也上十年。在她自己的医院里，除妇产科外她也看别的病，但是她的主要的也是最忙的工作是接生，找她的人最多。她约定了给产妇接生，到了期就是晚上睡下也在留心着电话。电话来了，或者有人来请了，她马上起来坐着包车就走。有一回一个并未预约的病家，半夜里派人来请。这家人疏散在郊外，从来没有请她去看过产妇，也没有个介绍的人。她却毅然地答应了去。包车到了一处田边打住，来请的人说还要走几条田埂才到那家。那时夜黑如墨，四望无人，她想，该不会是绑票匪的骗局吧？但是只得大着胆子硬起头皮跟着走。受了这一次虚惊，她却并不说以后不接受这种半夜里郊外素不相知的人家的邀请，她觉得接生是她应尽的责任。

她的责任感是充满了热情的。她对于住在她的医院里的病人，因为接近，更是时刻地关切着——老看见她叮嘱护士小姐们招呼这样那样的。特别是那种情形严重的病人，她有时候简直睡不着地惦记着。她没有结婚，常和内人说她把病人当作了爱人。这绝不是一句漂亮话，她是认真地爱着她的病人的。她有着那大的爱的心，也可以说是“慈母之心”——我曾经写过一张横批送给她，就用的这四个字。她不忽略穷的病家，住在她的医院里的病人，不论穷些富些，她总叮嘱护士小姐们务必一样的和气，不许有差别。如果发觉有了差别，她是要不留情地教训的。街坊上的穷家到她的医院里看病，她常免他们的费，她也到这些穷人家里去免费接生。对于朋友自然更厚。有一年我们的三个孩子都出疹子，两岁的小女儿转了猩红热，两个男孩子转了肺炎，那时我在昆明，内人一个人要照管这三个严重的传染病人。幸而刘医师特许小女住到她的医院里去。她尽心竭力地奔波着治他们的病，用她存着的最有效的药，那些药在当时的成都是极难得的。小女眼看着活不了，却终于在她手里活了起来，真是凭空的捡来了一条命！她知道教书匠的穷，一个钱不要我们的。后来她给我们看病吃药，也从不收一个钱。

我们呢，却只送了“秀才人情”的一副对子给她，文字是“生死人而肉白骨，保赤子如拯斯民”，特地请叶圣陶兄写；这是我们的真心话。我们当然感谢她，但是更可佩服的是她那把病人当作爱人的热情和责任感。

刘医师是遂宁刘万和先生的二小姐。刘老先生手创了成都的刘万和绸布庄，这到现在还是成都数一数二的大铺子。刘老太太是一位慈爱的勤俭的老太太，她行的家庭教育是健康的。刘医师敬爱着这两位老人。不幸老太太去世得早，老先生在抗战前一年也去世了，留下了很多幼小者。刘医师在耶拿大学得了博士学位，原想再研究些时候，这一来却赶着回到家里，负起了教育弟弟们的重任。她爱弟弟们，管教得却很严。现在弟弟们都成了年，她又在管着侄儿侄女们了。这也正是她的热情和责任感的表现。她出身在富家，富家出身的人原来有啬刻的，也有慷慨的，她的慷慨还不算顶稀奇。真正难得的是她那不会厌倦的同情和不辞劳苦的服务。富家出身的人往往只知道贪图安逸，像她这样给自己找麻烦的人实在少有。再说一般的医师，也是冷静而认真就算是好，像她这样对于不论什么病人都亲切，恐怕也是凤毛麟角吧！

## 《论语》成语集萃（立志篇一）

### 三军可夺帅，匹夫不可夺志

【释义】军队的统帅可以被夺去，一个人的志气却不可被夺去。形容一个人志气的重要。

【出处】子曰："三军可夺帅也，匹夫不可夺志也。"

——《论语·子罕》

### 求仁得仁

【释义】求仁德便得到仁德。比喻理想和愿望实现。

【出处】子曰："求仁而得仁，又何怨？"

——《论语·述而》

### 逝者如斯

【释义】时间就像这奔腾的河水一样，不停地流逝。形容光阴如流水一去不返。

【出处】子在川上曰："逝者如斯夫！不舍昼夜。"

——《论语·子罕》

# 2. 朦胧的敬慕

## ——悼念鲁迅先生

⊙萧　乾

也许有人比我更怕死，我却不相信有比我再怕看死人的了。走在街上，我从没有胆子向寿衣铺里望望。夜半，即便从很远很远地方飘来的僧器或诵经声，也必害得我用棉被厚厚包起头来，直像那是什么符咒一样。

我曾见过三位死人，在我的记忆中，他们都将是我永不会忘记的。而且，我还该陈说我都例外地不曾害怕过：一个黄昏，我的母亲死在我的怀抱里；小学时代，曾排着队去中央公园社稷堂瞻仰过孙中山先生的遗体；最近，在鲁迅先生灵前，我守了两天灵。

扶着那绛色帏幔，职务使我看见了数千张陌生的但是诚笃的脸，一个个脚跟都像坠了铅球，那么轻又那么沉重地向灵堂踱。低垂的头，低垂的手，低垂的眉眼和心。待踱到灵堂中央，冥冥中似有什么使他们肃然驻足了。敬慕和哀悼如一双按住的手，他们的身子皆极自然地屈下了。然后噙了一汪眼泪，用手巾堵着嘴，仓皇地奔了出来。

最感人的莫如一群小学生的吊唁。在那近三十位小吊客中间，我特别留意一个衣服褴褛、腿下微跛的，他肋下夹着的画册和石板说明了是刚刚放学，如今正在回家或在街头玩耍的时候，然而他却结伴迢迢跑到了这里。那个微跛的孩子，一拐一拐地，一直来到灵前，两只颇清秀的眼睛直直地凝视着鲁迅先生的遗体，然后，又放下肋下的画册，深深地鞠躬。我不信做了那么些纪念周，他还不知道“三鞠躬”的礼数，然而，当我数到第三次以后，他仍向下屈着小小腰身，他一连鞠了七个躬才红涨着脸，也红涨着眼睛，走出灵堂。

如果稍换一个情况，我将忍不住笑出来的，然而，我那时是用极大的崇敬心情替他掀开帏幔，一直目送他走下殡仪馆的台阶。

那个背影唤起我一点回忆。十多年前一个傍晚，如一切贪爱窗外景色的孩子一样，四点钟以后的时间对我变了滋味，换成鲜艳颜色。然而我放下了玩具，和同伴沿着朱色皇城走好长好长一段路去瞻仰一位“民国缔造者”的遗体。空着的肚皮充满着的一半是对“尸骸”的恐惧，一半是对“伟大”的钦仰。我们跨进那座御花园的大门时，紫禁城角的太阳已向下沉落了。我们喘着气向陌生的大人打听路线，好容易才攀了一道高大石阶，在花圈花篮的簇拥中，我看到安息着的孙中山先生。

——我记得，当时我的心一点也没有跳！

我们环着那铜棺走了一圈，又蹑着脚步走了出来。

抬头，紫禁城角的太阳已经沉落下去了。我似乎打了一个冷战，然而，除了模糊的“伟大”，我并没有摸清死的是什么人。只是冥冥中，一种超乎孩子胸膛容量的哀戚或尊敬感觉便梗塞在我喉咙间，我赶不掉它。

归途，我们放洋画的袋子里，每人都塞了一袋传单：有工人发的，大学生发的，有国民党的，共产党的，说明孙先生的生平和抱负（这些我曾保留到六年前，直到一个朋友将我寄存的最珍贵的东西，如小学生时代的作文本，全当作烂纸卖掉了）。当时我们其实一点也不懂，但是当孙传芳乱批三民主义，张作霖满街捉革命党时，我却私下藏了一本《孙中山传》。

伟大的人格也许有一种潜移默化的力量，这力量在茫然无知的孩子心灵上时常比成人更深刻，更恒久。

我不知道如果鲁迅先生这时醒转过来，他将会怎样热烈地抱起那个微跛的孩子。

1936年10月，上海

# 3. 纪念伏尔泰逝世一百周年的演说

⊙〔法国〕雨果

一百年前的今天，一颗巨星陨落了。但他是永生的。他走的时候有长寿的岁月，有等身的著作，还挑起过最荣耀的、也是最艰巨的责任，即培育良知，教化人类。他受到诅咒、受到祝福地走了：受到过去的诅咒，受到未来的祝福。先生们，这是荣誉的两种美好的形式。在他弥留之际，一边有同时代人和后代的欢呼和赞美，另一边有对他怀有深仇大恨的旧时代扬扬得意的嘘叫和仇恨。伏尔泰不仅是一个人，他是一个世纪。他行使过一个职能，他完成过一项使命。很显然，他生来就被选定从事这件借助他在命运的法则和自然的法则中最高尚的愿望所完成的事业。他活过的八十四年，经历了登峰造极的君主政体和曙光初现的革命年代。他出生的时候，路易十四还在统治，他死的时候，路易十六已经戴上了王冠。所以，他的摇篮映照着王朝盛世的余晖，他的灵柩投射着大深渊最初的微光。

各位先生，在大革命前，社会的建筑是这样的：下边，是人民；人民的上面，是由神职人员代表的宗教；宗教的一边，是由法官代表的司法。

而在那个阶段的人类社会，人民是什么？是无知。宗教是什么？是不宽容。司法是什么？是没有公正。

于是，伏尔泰啊，你发出厌恶的呐喊，这将是你永恒的光荣！

于是，你开始和过去打一场可怕的官司，你为人类的诉讼案辩护，驳斥暴君和凶神，你胜诉了。伟大的人物，你要永远受到祝福！

伏尔泰直接面对这种轻薄无聊而又凄惨忧郁的社会，独自一人，眼前是各种力量的联合，宫廷、贵族、金融界；这支不自觉的力量，是盲目的一大群人；这批无恶不作的法官，他们媚上欺下，俯伏于国王之前，凌驾于人民之上；这批虚伪、狂热、阴险兼而有之的神职人员，伏尔泰，我再说一遍，独自一人对这个社会一切丑恶力量的大联合，对这个茫茫的恐怖世界宣战，他接受战斗。他的武器是什么？这武器轻如和风，猛如雷电——一支笔。

他用这武器战斗，他用这武器战胜敌人。

伏尔泰战胜了敌人。他孤军奋战，打了响当当的一仗。这是一场伟大的战争，是思想反对物质的战争，理智反对偏见的战争，正义反对非正义的战争，被压迫者反对压迫者的战争，是仁慈的战争，温柔的战争。伏尔泰具有女性的温情和英雄的怒火，他具有伟大的头脑和浩瀚无际的心胸。

他战胜了古老的法典、陈旧的教条。他战胜了封建的君主、中世纪式的法官、罗马天主教式的神父。他把人的尊严赋予黎民百姓。他教导人，安抚人，教化人。他为西尔旺和蒙巴伊斗争，如同他为卡拉斯和拉巴尔斗争；他承受了一切威胁，一切侮辱，一切迫害、污蔑、流亡。他不屈不挠，坚定不移。他以微笑战胜暴力，以嘲笑战胜专制，以讥讽战胜宗教的自以为是，以坚毅战胜顽固，以真理战胜愚昧。

我刚才用过两个字，微笑，我说一下。微笑，就是伏尔泰。

各位先生，我们要这样说，因为，平静是这位哲学家伟大的一面，平衡的心态在伏尔泰身上最终总会重新确立。不论他正义的愤怒多大，总会过去，恼羞成怒的伏尔泰总会让位于心平气和的伏尔泰。于是，从这深邃的双目里露出了微笑。

这是睿智的微笑。这微笑，我再说一遍，就是伏尔泰。这微笑有时变成放声大笑，但是，其中蕴涵有哲理的忧伤。对于强者，他是嘲笑者；对于弱者，他是安抚者。他使压迫者不安，使被压迫者安心。以嘲笑对付权贵；以怜悯安抚百姓。啊！我们应为这微笑感动。这微笑里含有黎明的曙光。它照亮真理、正义、仁慈和诚实；它把迷信的内部照得透亮，这样的丑恶看看是有好处的，它让丑恶显示出来。它有光，有催生的能力。新的社会，平等、让步的欲望和这叫作宽容的博爱的开始，相互的善意，给人以相称的权利，承认理智是最高的准则，取消偏见和成见，心灵的安详，宽厚和宽恕的精神，和谐，和平，这些都是从这伟大的微笑中出来的。

各位先生，只有希腊、意大利和法兰西享有以人物来命名时代的特权，这是文明最高的标志。在伏尔泰之前，只有以某些国家领袖的名字来命名时代的先例；伏尔泰比国家领袖更重要，他是思想的领袖。到伏尔泰，一个新的纪元开始了。我们感到，从今以后人类最高的统治权力将是思想。文明过去曾服从武力，文明以后将服从思想。权杖和刀剑已告折断，光明将取而代之，也就是说权威变成自由。再也没有别的最高权力，人民只有法律，个人只有良心。对于我们每个人来说，进步的两个方面很清楚地显示出来，这就是：做一个人，我们要行使自己的权利；做一个公民，我们要恪尽职守。

让我们转身望着这个死者，这个生命，这个伟大的精神。让我们在这令人肃然起敬的墓前鞠躬。让我们向这个人讨教，他有益于人类的生命在一百年前已经熄灭，但他的作品是不朽的。让我们向其他强有力的思想家讨教，向这些光荣的伏尔泰的助手们讨教，向卢梭，向狄德罗，向孟德斯鸠讨教。让我们与这些伟大的声音共鸣。要制止人类再流血。够了！够了！暴君们。啊！野蛮还在，好吧，让哲学抗议。刀剑猖狂，让文明愤然而起。让18世纪来帮助19世纪；我们的先驱哲学家们是真理的倡导者，让我们乞求这些杰出的亡灵；让他们面对策划战争的君主王朝，公开宣布人的生命权，良心的自由权，理性的最高权威，劳动的神圣性，和平的仁慈性。既然黑夜出自王座，就让光明从坟墓里出来！

1878年5月30日

（程曾厚/译）

# 4. 我的朋友臧克家

## ——在臧克家文学创作研讨会上的发言

⊙季羡林

我只是克家同志的最老的老朋友之一，我们的友谊已经有六十多年了。我们中国评论一个人总是说道德文章，把道德摆在前边，这是我们中华民族优秀文化的表现之一，跟西方不一样。那么我就根据这个标准，把过去六十多年中间克家给我的印象讲一讲。

第一个讲道德。克家曾在一首诗里说过，一个叫责任感，一个叫是非感，我觉得道德应该从这地方来谈谈。是非、责任，不是小是小非，而是大是大非。什么叫大是大非呢？大是大非就是关系到我们祖国，关系到我们人民，关系到世界，也就是要拥护社会主义，拥护共产主义，这是大是大非。我觉得责任也在这个地方。克家在过去七十多年中间，尽管我们国内的局势变化万千，可是克家始终没有落伍，能够跟得上我们时代的步伐，我觉得这是非常难得的。这就是大是大非，就是重大的责任。我觉得从这地方来看，克家是一个真正的人。至于个人，他给我的印象是一个像火一样热情的诗人，对朋友忠诚可靠，终生不渝，这也是非常难得的。关于道德，我就讲这么几句。

关于文章呢，这就讲外行话了。当年我在清华大学念书，就读到克家的《烙印》《罪恶的黑手》，我不是搞中国文学的，但我有个感觉就是克家作诗受了闻一多先生的影响。我一直到今天，作为一个诗的外行来讲，我觉得作诗、写诗，既然叫诗，就应该有形式。那种没形式的诗，愧我不才，不敢苟同。克家一直重视诗，我觉得这里边有我们中国文化的传统。我们中国的语言有一个特点，就是讲炼字、炼句，这个问题，在欧洲也不能说没有，不过不能像中国这么普遍这样深刻。过去文学史上传来许多佳话，像“云破月来花弄影”那个“弄”字，“红杏枝头春意闹”那个“闹”字，“春风又绿江南岸”那个“绿”字。可惜的是炼字这种功夫现在好像一些年轻人不大注意了。文字是我们写作的工具。我们写诗、写文章必须知道我们使用的工具的特点，莎士比亚用英文写作，英文就是他的工具。歌德用德文写作，德文就是他的工具。我们使用汉字，汉字就是我们的工具。可现在有些作家，特别是诗人，忘记了他的工具是汉字。是汉字，就有炼字、炼句的问题，这一点不能不注意。克家呢，我觉得他一生在这方面倾注了很多的心血，而且获得了很大的成功。克家的诗我都看过，可是我不敢赞一词，我只想从艺术性来讲。我觉得克家对这方面非常重视。这个问题非常重要。我因此就想到一个问题，可这个问题太大了，但我还想讲一讲。我觉得我们过去多少年来研究中国文学史，特别是古典文学，好像我们对政治性重视，这个应该。可是对艺术性呢，我觉得重视得很不够。大家打开今天的文学史看看，讲政治性，讲得好像最初也不是那么深刻，一看见“人民”这样的词、类似“人民”这样的词，就如获至宝；对艺术性，则三言两语带过，我觉得这是很不妥当的。一篇作品，不管是诗歌还是小说，艺术性跟思想性总是辩证统一的，强调一方面，丢掉另外一方面是不全面的。因此我想到，是不是我们今天研究文学的，特别是研究古典文学的，应该在艺术性方面更重视一点。我甚至想建议：重写我们的文学史。现在流行的许多文学史都存在着我说的这个毛病。我觉得，真正的文学史不应该是这个样子。

我祝我的老朋友克家九十、一百、一百多、一百二十，他的目的是一百二十，所以我想祝他长寿！健康！

1994年10月18日

# 5. 一位让人心疼的大师

⊙余秋雨

在欧洲，有一位让人心疼的大师，那就是西班牙的塞万提斯，《堂吉诃德》的作者。

他的生平，连随口讲几句都很不忍心。

他只上过中学，无钱上大学，23岁当兵，第二年在海战中左手残废。他拖着伤残之身仍在军队服役，谁料4年后遭海盗绑架，因交不出赎金被海盗折磨了整整5年。脱离海盗后开始写作，后因父亡家贫，再次申请到军队工作，任军需官，又因受人诬陷而入狱。出狱后任税吏，又第二次入狱，出狱后开始写《堂吉诃德》，但是就在此书出版的那一年，他家门前有人被刺，他因莫名其妙的嫌疑而第三次入狱，后又因女儿的陪嫁问题再一次出庭受审……

总之，这位身体残废的文化巨人有很长时间是在海盗窝和监狱中度过的，他的命运实在太坎坷了。

《堂吉诃德》已经出版，而且引起广泛轰动。但是，无论是地方官员还是法官，明明知道他的文学才华，却不愿凭着一点良知，认真审查他遭受的灾难，给他一点点起码的公平。

当时的西班牙与英国不同，没有让只读过中学的塞万提斯像莎士比亚那样受到一批“大学才子”的审判，审判他的是真的法庭。然而正是这些真的法庭，使他联想到绑架了他5年之久的海盗，他们也有事没事就审判他。

当海盗的审判与法庭的审判连在一起组成他的人生过程时，他不能不摇头苦笑。

我一时想不出世界上还有哪位作家比塞万提斯承受过更多的苦难。他无法控诉了，因为每一项苦难来自不同的方向。因此，塞万提斯开始冶炼苦难。一个作家，如果吞入多少苦难便吐出多少苦难，总不是大本事，而且这在实际上也放纵了苦难，居然让它囫囵出入、毫发无损。塞万提斯恰恰相反，他在无穷无尽的遭遇中摸透苦难的心窍，因此对它既不敬畏也不诅咒，而是凌驾于它的头上，俯视它的来龙去脉，然后再反躬自问。

终于，他的抵达正是另一个人物的出发，那就是骑瘦马、举长矛的堂吉诃德。这是塞万提斯用自身苦难铸造成的，由此证明他已彻底降伏苦难。

堂吉诃德一起步，世界破涕为笑。

于是，塞万提斯也就在至高层次上诠释了漫画和寓言。

前一段时间我在马德里看到了塞万提斯的纪念雕像，雕像的下前方便是堂吉诃德的骑马像，后面还跟着桑丘。堂堂一国的首都在市中心以群雕方式来纪念他，而且把这个纪念广场以国名相称，叫作西班牙广场，我看在规格上已超过莎士比亚。这片土地以隆重的骄傲来洗刷以往的无知，很可理解。但遗憾的是，堂吉诃德和桑丘的雕像过于写实，就像是用油画的笔法描摹一幅天才的漫画，成了败笔。德国美学家莱辛在《拉奥孔》中曾娓娓论述，由史诗转换成雕塑是一种艰难的再创造，可惜西班牙历来缺少莱辛这样等级的理论家。

西班牙广场上的这组雕塑，塞万提斯为白色，堂吉诃德和桑丘为黑色。白色的塞万提斯天天注视着眼前黑粗笨拙的这一对宝贝又会暗笑，就凭你们这模样怎么还能流浪远方，把苦难流浪成寓言？

塞万提斯晚年看到了别人伪作的《堂吉诃德》第二卷，于是赶紧又披挂上阵与文化盗贼搏斗，方式也就是赶写真的第二卷。真的第二卷出版次年，他因水肿病而去世。

说莎士比亚是一个假人，给塞万提斯一本假书，看来异地同理：都想否定他们的真实存在。他们太使周围垂涎，太使周围不安。

直到两百多年后，德国诗人海涅指出：塞万提斯、莎士比亚、歌德成了“三头统治”，在叙事、戏剧、抒情这三类创作里分别达到登峰造极的地步。

在海涅眼里，只有这三头统治，只有这三座高峰。但是歌德出生太晚，并世而立的只有两头，同在欧洲，却隔着大海，当时两个国家还对立着。

我前面已经说过，似乎是上天的安排，戏剧家莎士比亚戏剧性地在自己的生日那天去世，使4月23日成为一个奇怪的日子。谁知还有更奇怪的事情，似乎是上天觉得两座高峰不能独遗一座，居然把塞万提斯的去世也安排在同一天！那么，1616年的4月23日，也就变得更加奇怪。

当时，无论是英国的斯特拉福，还是西班牙的马德里，都没有对他们的死亡有太大的惊讶。人类，要到很多年之后，才会感受到一种文化上的山崩地裂，但那已经是余震。真正的坍塌发生时，街市寻常，行人匆匆，风轻云淡，春意盎然。

### 《论语》成语集萃（立志篇二）

#### 志士仁人

【释义】有高尚志向和道德的人。现泛指爱国进步人士。

【出处】子曰："志士仁人，无求生以害仁，有杀身以成仁。"

——《论语·卫灵公》

#### 杀身成仁

【释义】原指不惜牺牲生命来成全仁义，现泛指牺牲自己的生命来维护正义事业。

【出处】子曰："志士仁人，无求生以害仁，有杀身以成仁。"

——《论语·卫灵公》

# 6. 大医仁心

⊙ 周大新

我想，你应该见过年近九十拄杖而行的老人。你在乡村或城市的街头看见他们，可能会投去惊喜或羡慕的一瞥：嗬，老寿星！

我猜，你可能也见过年近九十仍能劳作的老人，他们或在田头薅草，或在家中做饭，你看见后会很意外：天哪，90岁了还能干活？多精神的老人！

可我估计，我若是告诉你，有一个近90岁的外科医生，仍能上手术台为病人做肝胆外科手术，有时一天还能做3台时，你一定会皱起眉头对这话表示怀疑：太夸张了吧？给我讲神话？

我当初和你一样：不相信！因为谁都知道，外科医生要能做到术前准确诊断，术中做得精致，术后治疗得当，并不容易，其最佳年龄是36～60岁。开腹做肝胆手术是大手术，一个近90岁的老人怎么可能还去做这样的手术？

今年2月下旬，我到了上海第二军医大之后，提出的第一个要求是：去东方肝胆外科医院看吴孟超做手术。我心中想的是：我一定要看出个真假来！

那一天早饭后，我在一位医生的带领下，到医院手术准备处领取了一套消过毒的隔离服。随后，走进了手术医生的换衣间。这时，我看见了吴孟超。和照片上的他相比，他失去了伟岸和威武，真实的他原来就是一个身材不高、体态偏瘦的普通老人。

我朝他点头致意，他也朝我点头笑笑，他一定已经知道我们的来意。

我注意他换衣服的动作，不慌不忙，有条不紊。但动作里也有老年人特有的那种“慢”。

换好衣服的他向手术室走去，我急忙跟上。他走路的动作让我略有些意外：两脚迈得很快捷。

进了手术室，他一边跟大家打招呼一边掏出手术专用的眼镜戴上，又麻利地戴上手术手套，然后走到墙前去查看病人的CT片子。这片子他已经看过多次，昨天他还亲自去B超室为病人做过B超检查。

他走向手术台，眼中浮起严肃郑重的神色。我注意到他双脚踏上了一个约20厘米高的木台。陪我的人附耳轻声告诉我：他身高只有1.62米，那木台是为他特制的。站在手术台前的他和在换衣间的他有了明显的区别：老态一扫而光，一副昂然冷峻之状。随着他的眼神改变，手术室里的气氛也骤然一变：一股紧张弥漫开来。

他站的是主刀位置，看来他是真的要亲自为病人做手术。

他双手伸进病人的腹腔进行探摸，他的眼睛并未看触摸部位，好像全凭手的感觉……

他的一只手朝器械护士这儿一伸，一把手术刀已准确地放到了他手中……

有血喷出来，他威严地说了句什么，喷血骤然停了……

他把一块血糊糊的东西放到了托盘里。陪我的医生低声告诉我：已切下病人病变的胆。

吴孟超继续探手在病人的腹腔里忙，他的动作纯熟而有把握。他下命令的样子像极了战场上掩蔽部里的指挥员，简短、清楚、有力。他的全程表现和全部动作，像极了一个50多岁的外科医生。一个人一下子显得年轻了几十岁，这真是神了！

又一个病人被推了进来。吴孟超走近前去，亲切地摸了一下病人的脸，轻声说：“别害怕！”那病人微微一笑，回答说：“有您在，我啥都不怕。”十几分钟以后，第二台手术又开始了……

眼见为实。一个近90岁的老人在这天上午为两个病人做了肝胆手术，耗费3个多小时，而且都非常成功。

我不能不信。我查了一下有关吴老的统计资料，仅2010年，他就主刀完成手术196台。他主攻肝脏外科以来，已主刀完成14000多台肝脏手术。按平均每天两台算，他得连续工作7000多天。换算一下，是得连续工作20年呀！

接下来，我就特别想弄明白：他，吴孟超，得过国家最高科学技术奖，获过中央军委授予的“模范医学专家”称号，为何还要让自己如此辛苦？为何不歇息歇息，享享晚年之乐？

他说：“我是一个外科医生，我的岗位是手术台，只有在手术台上，我的心里才踏实，才舒服，才痛快；再说，做手术时，和年轻人在一起，有时说说话，聊聊天，我很开心；还有一条，我们外科医生要想多带出好学生，必须上手术台；最后，是有好多病人希望我亲自给他们主刀，他们信任我，我不能辜负了他们。只要我还能干，就坚持做到最后，如果有一天我真的倒在手术室里，倒在工作岗位上，那我会感到幸福……”

一个九十高龄的老人！

一个罕见的老人！

## 单元学习任务

### 任务一

本单元文章展示了古今中外人物的高风亮节。他们身上的哪些精神品质触动了你？你由此获得了哪些感悟与思考？请你按照下图提示进行整理，与老师、同学们分享一下。

| 人物 | 精神品质 | 感悟与思考 |
| --- | --- | --- |
| | | |
| | | |
| | | |
| | | |

### 任务二

本单元文章塑造人物形象的方法各有不同，或通过典型事件，或通过细节描摹，或通过对比，或通过衬托……请你运用默读和圈点勾画的方法阅读本单元文章，并参照下表梳理其表达效果。

典型事例

所在篇目：

示例：

表达效果：

细节描写

所在篇目：

示例：

表达效果：

对比

所在篇目：

示例：

表达效果：

衬托

所在篇目：

示例：

表达效果：

## 任务三

高风亮节常常体现在人物的生活细节中，李叔同如此，夏衍如此，鲁迅也如此……请选择本单元中引发你思考的人物，查找相关资料，为其写一篇小传。

# 大爱无疆

有这样一群人，他们遭遇了人生困境，却用执着和坚毅书写了一段传奇；他们普通、平凡，却拥有金子般的心灵，用勇气和热爱彰显了生命的高贵；他们热爱生灵，用生命里最美的时光与自然相伴……大爱无疆，仁心为怀。

阅读本单元文章，继续注重默读方法的使用，画出重点语句，把握故事情节的发展变化。通过表现人物的关键语句，把握人物形象，体会作者寄托在人物身上的深刻而又丰富的意蕴。

# 1. 在沙漠里种爱

⊙祁云枝

十八年前，日本。

想一想，这段景物描写的作用是什么？文中还有一些景物描写的语句，阅读时注意体会其作用。

天地昏黄。沙粒携着尘埃在风中呼啸。路旁的小树瑟缩着一次次倾斜弯腰，被撕开一角的广告布，如猎猎的旗帜，发出噼里啪啦的震响，行人掩面趔趄而行……

央视新闻联播中的北方沙尘暴，越过电视屏幕，狠狠撞击在一对身处异国母子的心上。

正在日本上大学的儿子对身旁的母亲说："妈，我马上毕业了，您到时候回国去种树吧！我可以照顾自己了。"

"种树是好，可对付沙尘暴，不是种一棵树、两棵树能解决问题的。"

"是啊，妈。要干，咱就要大手笔。"

她年轻时东渡日本，有一份体面的工作。

丈夫在东京开了一家私人诊所，收入可观。最令他们欣慰的是，儿子品学兼优，正就读于日本中央大学商学部，再有三个月就毕业了。

天有不测风云。一场车祸，瞬间夺走了儿子。夫妻俩的天塌了。整整两年，她都浸泡在泪水里，无法自拔。直到夫妻俩把儿子的骨灰带回老家上海安葬后，她才从中年丧子的巨大悲痛里摆脱出来。

上海的雾霾，令她猛然间想起了儿子生前的愿望，想起了和儿子在电视机前的那场对话。

她决定去沙漠里种树，她想用这种方式和“失独母亲”的身份和解。

结合上下文，想一想这里的“和解”是什么意思。这种“和解”的方式会不会有效果呢？

她把自己的想法告诉了丈夫，丈夫默许。于是他们双双辞去日本的工作，带着儿子的生命赔偿金、保险金、全家20年的积蓄，还有儿子生前的绿色愿景，开启了荒漠植树之旅。

种树地点选在内蒙古沙尘暴的源头，科尔沁沙地的“死亡之海”——塔敏查干沙漠。塔敏查干是蒙语，有魔鬼、地狱之意。

当年，大风、干旱和沙尘暴，恶魔般搅扰着当地少得可怜的庄稼。在当地农牧民眼里，故乡，正一步步沦陷在滚滚黄沙里，人们接二连三地选择了背井离乡。

她拿出儿子的生命赔偿金和保险金，买树苗，雇劳力，找水源，在枯黄的“死亡之海”上，一棵树一棵树地绣起了“绿”。记不清多少次了，大风过后树苗东倒西歪，她一株株刨出来，抚平，再栽直。

一个多月后，1万棵杨树苗，齐齐整整地站在了沙漠里，像一群英武的士兵。

放眼树营，她仿佛看到了儿子。

彼时，库伦旗已经连续大旱了八年。没有水，树苗可怎么活？她在心里祈祷：儿子，保佑这一万棵树苗成活，来一场透雨吧！

三天后，库伦旗果然下了一场透雨，如有神助。她宽慰地笑了——这一定是儿子在帮我。

此后多年，只要她来到沙漠植树，天都会下雨。

第二年，她在沙漠里种下2万棵树，第三年，她种下了3万棵……沙漠的枯黄，在一株株树苗的新绿里，点点收缩。她带回国的资金，不知不觉间，都变成了沙漠里一棵棵昂然的树。

第六年，她的手头没了积蓄，咬咬牙，她把上海的一套房子也卖了。从那时起，爱美的她，再也没给自己买过新衣裳。

第八年，1万亩沙地，栽110万棵树的十年目标，提早两年完成了。尽管每次栽下的树苗，常常被一阵风沙吞没。再栽、再吞、再栽的较量，像拉锯，一拉，就是八年。然而，这些年，她栽进沙漠里的树，成活率高达80%，是个奇迹！没有人清楚，在这些令人惊讶的数字后面，一位年过六旬的妇人，付出了多少心血和汗水！

梦里，她问儿子："八年，妈妈在沙漠里栽了110万棵树，是大手笔吗？"儿子微笑着不语，慢慢消隐在沙漠泛起的新绿里。"儿子，儿子……"她边喊边跑，却怎么也追不上他。

110万棵树，一年、两年……八年的努力，你看到了一位怎样的母亲？

几次梦醒后，她感觉自己像穿上了红舞鞋，真的停不下来了。

开春，和往年一样，她早早联系苗木，联系劳力，联系水源。这次，她把"绣场"选在条件更恶劣的乌兰布和沙漠。和以往不一样的是，此时，她的身影已不再孤单。和她一起绣绿的，还有一大批国际、国内的植树志愿者……

锦绣山河，用爱与执着织就。

时光走到了2017年底，沙漠里苗木的数量增加到500万棵，27000亩黄沙披上了绿装！27000亩，大约是40个北京天安门广场的面积。

一棵树，是一根绣花针，在滚滚黄沙上，一针一针，绣出了点点滴滴的新绿。薄荷绿，鹅黄，嫩绿，铬绿，在一双双手的呵护下，长大长高，出落成翡翠般高低错落的风景，开始滋润起当地的气候与环境。

她清楚地记得，春天种树前，荒漠上光秃秃一片，夏天再来时，小树周围，一定有嫩绿的杂草长出来，呼朋引伴，很开心的样子。秋天里，树和草唤来了兔子、田鼠、蜥蜴，甚至还有了蛇。以前，她是多么惧怕这种逶迤扭动的柔软身躯，而那次，在沙地里远远看到一条蛇时，她却倍感亲切，甚至忘记了尖叫。树枝上多了一个个鸟窝，叽叽喳喳的鸟鸣，音符般从鸟窝里飞出来。细碎的、清丽的、悠长的鸟语，在沙地草木间穿梭、流转。

她最喜欢的鸟，是林子里扑棱棱展翅的喜鹊。有了它们，日子又多了些色彩与活力。重要的是，树们的日子欢欣了起来，“喳喳，喳喳喳”欢叫着的喜鹊，让树苗再也不用担心田鼠前来捣乱了。

第一年种下的树苗，已经有三四层楼房那么高了。它们肩并肩，手挽手，耸立成一排排绿色厚重的墙壁。第二年、第三年栽下的树，也有十多米高了吧。风过时，树叶儿摇头晃脑，唰唰唰，哗啦啦，啪啪啪，听起来一点儿也不逊色于音乐厅里飘荡的交响乐。

当年，那个连养花都半死不活的女子，经过十年的沙漠历练，已经成为半个植物专家了。

从2011年开始，她植绿时选择了更适合沙漠生长的梭梭，并在梭梭身旁种下名贵中药材肉苁蓉，收益全部归当地百姓。那些曾经背井离乡的农牧民，在看到了生活的曙光后陆续返乡。荒芜了很久的沙漠，又逐渐热闹起来。她也因此彻底走出了人生路上那场不期而遇的“沙尘暴”。

她利用自己的智慧和行动改变了这片荒漠，吸引农牧民返乡生活，与前文当地的农牧民背井离乡形成鲜明的对比。

她常常在沙地里一待就是半晌。广袤的沙漠，葳蕤的林子，正在扎根的几百万株苗木，和她的儿子一样，已经成为她血脉里的一部分。她看树的眼神，就像看自己的孩子，怜爱，幸福，温柔。这来之不易的绿色，是儿子勃勃青春的延续呢。笑容，又回到了她的脸上。

她，有个听起来男性化的名字：易解放。但现在，大家都亲切地叫她“易妈妈”“大地妈妈”。她很享受这新称呼，并以母亲的身份呼吁：“百万母亲，种百万棵树吧！”

易解放很享受“易妈妈”这个新称呼，这是她初心所在，也是对未来的期待。

易妈妈在人世间种下的爱，也结出了硕果——无数志愿者加入沙漠植绿种爱的行列。这是回旋在人世间最最温暖温馨的春风——易妈妈的行动感染了无数人，无数志愿者的植树事迹，反过来常常让易妈妈感动到落泪。

树林子有了规模，成了气候，沙尘暴的脚步，真的慢了下来，它们，也惧怕这位勇敢勤劳的妈妈了。

库伦旗的百姓感恩易妈妈所做的一切，在当地为她的儿子立了一块纪念碑。碑的正面，是易妈妈写给儿子的一段话：活着，为阻挡风沙而挺立；倒下，点燃自己给他人以光亮。

写给儿子的这些话，何尝不是写给那些在沙漠挺立的树，何尝不是写给自己，写给一种奉献的精神。

易妈妈说："我在沙漠里种树16年，马上就70岁了。趁我现在还有能力劳动，有能力奔走呼吁，在沙漠里种树，是不会停下来的。现在，我们国家的沙漠化脚步还是很快的，希望有更多人加入植树的行列。'亿万个人'种'亿万棵树'，不是问题。"

年初，在一次全国生态会议上，我见到了易妈妈。

听完她的报告，我走上前迫不及待地表达敬意，易妈妈只淡淡地说："我是妈妈，要完成孩子的遗愿。我是发起人，要为无数自愿来到沙漠里种树的爸爸妈妈和孩子，多一些担待。"

"担待"这个词有什么深意？

**学习提示**

文章记叙了易妈妈带着儿子的遗愿，在内蒙古自治区库伦旗植树造林，对抗自然的"沙尘暴"，也是对抗自己人生"沙尘暴"的故事。丧子之痛如何消解？易妈妈选择了在沙漠中种爱。我们看到了一位坚毅执着、心有大爱的母亲形象。

本文以时间顺序自然成文，运用多种表达技巧，如侧面烘托、比喻、双关等，阅读时可以仔细体会。

# 2. 红旗渠，一个岁月的记忆

⊙孙守名

用“独独思念”来设置悬念，引发读者的阅读兴趣。

站在河南省林州市的红旗渠畔，独独思念那个用了十年时间带领三十万民众修渠的功臣杨贵。

水，是个奇妙的东西，它是人类赖以生存的命脉。当滚滚的洪流冲决堤岸泛滥成灾，一个叫大禹的人挺身而出，他改变了父亲鲧用了九年都没有治好水的做法，励精图治，戴箬帽，拿铁锹，肩抬身挑，经过十年奋斗，亲自与群众一起，凿开龙门，疏通九河，引洪入海；从此一个响亮的名字永远镌刻于中华民族的心中。

这里为什么提到大禹和李冰？

号称“天府之国”的四川成都平原，在古代是一个水旱灾害特别严重的地方。两千多年前，那个秦国蜀郡太守李冰义无反顾地站出来，主持修建了著名的都江堰工程。这个伟大的工程从规划到施工，倾注了李冰父子无数的心血。他们别出心裁地将岷江分为两条水流，将其中一条引进成都平原，分洪减灾，引水灌溉，一举两得，千百年来造福于世世代代。从此，在所有中国人的印象中，李冰成为最为名副其实的土生土长的中国水利专家。

时光流转，岁月如歌，五十年前的中国大地上，又一位水利功臣走进我们的视线。身材魁梧的杨贵戴着草帽，扛着镢头，拄着木棍，带着他的修渠大军正穿行在太行山区，做着惊世骇俗的伟大创举。一条红旗渠，将杨贵的名字送进千家万户，永久地留存在人们的内心深处。

我是在一个骄阳似火的午后走进林州市的。六个半小时，乘坐笨重的大巴，穿越河南莽莽苍苍的大平原，一下子就驶进了太行山区。其实，当我坐车行进在高速公路上时，沿途绿意盎然的风景早已让我如痴如醉。感谢上苍，感谢大地，它们给了我们多少丰厚的馈赠！种下希望的种子，收获沉甸甸的幸福。只要有了空气、阳光和水，我们就能安然甜美地生活在这个神奇的世界上。

这一段景物描写有什么作用？

然而，当车辆驶进太行山区，我的心情忽而就变得异常沉重。贫瘠单薄的土地上，杨柳低垂着瘦弱的枝条，无精打采地消耗着日月。田野里的玉米苗高高低低，在艳阳的照射下，毫无生机。绿色显得沉暗，空气变得窒闷。这时，一个积郁在心头的想法跳入我的脑海，这儿真的缺水。

六十多年前，对于当时的林县来说，是个天大的灾难，千年的干旱在此时来了个总爆发。尽管在20世纪50年代前期，政府历届官员都注重水利设施的建设，挖井取水、存水，但是，这些举措对于当地的干旱天气来说，仍是杯水车薪。连续三年少雨甚至无雨，吃水成了最现实的问题。要想喝上一口水，百姓要到百里之外的邻县去挑水借水。无水，老百姓的生产和生活都难以为继。各个村庄屡屡告急，形势万分火急。身为父母官的杨贵心急火燎，面对苍天，愤怒而又无奈！他多么渴望上苍能发发慈悲，眷顾一下濒临绝境的父老乡亲，多么想看到琼浆玉液突然从天而降，多么想……然而，没有，什么都没有，骄阳如火依旧，大地干裂如故……

三十一岁的杨贵走乡串户，集思广益，此时的他清醒地认识到，等待只是一场梦，想方设法冲出重重围困，寻找水源，才是唯一的出路。他坐在高高的山头，无望地看着枯草细树，看着冒着缕缕烟尘的大地，思绪又回到那沓厚厚的县志。千年林县，上苍何其不公。十年九旱，百姓贫弱，卖儿鬻[1]女，流离失所，至人人相食。残酷的现实，谁又能力挽狂澜？救民于水火，解民于倒悬，这才是一个父母官最为朴实的神圣使命啊！

想象一下这幅画面，体会杨贵此时的心情。

民不畏死，奈何以死惧之！面对上百年不遇的特大干旱，杨贵终于铁定了心，必须找到水源。他的目光掠过林县的一草一木，最终落在了远在山西的漳河水上。漳河，水源充足，如若能引入林县，不仅可以解决长期困扰百姓的吃水问题，对于田地的灌溉也将起到重大的作用。急性子的杨贵说干就干，马不停蹄地组织了三班人马，从林县步

① 鬻（yù）：卖。

行出发，去探索引漳入林的具体实施方案和步骤。林县的百姓终于看到了天边的一线曙光……

一个工程，一个造福于民千秋万代的水利工程，将会衡量出决策者的过人智慧，他一定是位实干的官员。那些蝇营狗苟、汲汲于功名利禄者，只能是历史中的沧然过客，岁月终将视他们为世间尘埃。只有实干的官员，才能建造出如此浩瀚的水利工程。除此之外，他还必然要将自己历练成一位科学家。没有科学知识，没有惊世的睿智和本领，理想也会变成空想。而杨贵之所以成就了伟大的水利工程，就在于他首先是一名实干的科学家。

运用对比，突出杨贵的实干精神。结合全文，找一找杨贵的实干精神体现在哪些方面。

站在高高的分水岭坝上，我能想见当时杨贵焦急的心情，能想见他披星戴月用脚步丈量林县的土地，崇山峻岭中似乎全是他忙碌的身影，还能想见他和那些决策者们夜以继日围坐在一起筹划百年大计的场景……有了他们，林县有幸，河南有幸，中国有幸！

只有了解林县人祖祖辈辈对水的渴望，才能理解“有幸”这个词语包含着多么真挚、深沉的情感。

历经艰险，渡过劫难，源头最终得以落实，引漳入林的建渠方案也浮出了水面。这座功利千秋万代的水利工程红旗渠正款款向林县百姓走来，一个世纪神话，一个梦想，即将实现。一个与万里长城相媲美，与南京长江大桥齐名声的“人工天河”就要呈现于世人的面前……

红旗渠就要奇迹般崛起了，杨贵和林县人将用自己的行动让梦想变成现实。它不仅是一条渠，更是一种精神！

**学习提示**

20世纪60年代，当时的河南省林县县委书记杨贵带领勤劳勇敢的林县人民，推着小推车，赶着牛车、马车，拉着自带的口粮和炊具，浩浩荡荡开往太行绝壁之上。他们苦战十个春秋，终于在太行山悬崖峭壁上修成了举世闻名的红旗渠。从此，它不仅仅是一条渠，更是中华民族一座不朽的精神丰碑。阅读时，认真想一想，红旗渠精神的内涵是什么？在今天有什么意义？

学习时，要通过杨贵这一形象，感受人物的精神和人格魅力。文章中有一些议论、抒情的语句，起到了画龙点睛的作用，还有一些细致的景物描写和心理描写，阅读时可以勾画出来，认真揣摩。

# 1. 白方礼，一个人的爱心长征（节选）

⊙徐向林

## 他绕着地球走了18圈

地球的一周是多长？答案是约4万千米。

如果在地球上绕行18圈，总长又是多少呢？答案是约72万千米。

如果一位老人花58年的时间绕行地球18圈，那么他每天所走的路程是多少？答案是每天行走约34千米。

几道简单的算术题，留给我们的只能是抽象的数字概念，然而白方礼骑着他的三轮车（中华人民共和国成立前他是拉着黄包车靠脚板行走），每天平均所走的路程就是34千米，从1944年他闯荡津门的那一天算起，到2002年他生病的那一年结束，他整整在风里雨里骑行了70多万千米，相当于绕行了地球18圈！

东方现出了鱼肚白，热闹繁华的大街还沉浸在静谧之中，除了几个环卫工人外，只有少数早起晨练和摆摊的人，白方礼这时已经推出了他的三轮车，出门前，他将家人给他准备的一条旧毛巾习惯性搭在肩膀上，将一瓶热水放到了车上，有时他就揣两个大馒头带在身上，那是他的午饭。

每天，他都是第一个驶上大街的三轮车夫，他一路猛蹬，来到河北区的东站，他要在那儿等候凌晨驶进东站的列车。

每天，他在晨曦中走向朝阳，在夕阳下追赶余晖，直到星辉斑斓时，他才披着一身星辉回家，他每天用于休息的时间不足五小时，平时所有的时间都与他的三轮车相伴，难怪他对那辆三轮车情有独钟，那是与他朝夕相处的老伙计啊！

白方礼重披战袍，再次蹬上三轮车时，那是1987年7月，老人已经74岁高龄了。

74岁，应该安享晚年了，然而白方礼却做出令人吃惊的选择！

为了筹钱支教，他又开始骑上了三轮车，几角、几元地积攒着爱心款，这太令人不可思议了！

冷嘲热讽排山倒海地向他袭来——

“老糊涂了吧？这么大年纪还不安分地四处跑。”

“要是跌在哪儿，还不知道能不能爬起来呢，这不是没事找事嘛！”

“他的儿女呢？怎么就放心让一个老人出来骑三轮车？”

“想当武训啊，我看支撑不了多久……”

还有人提出了质疑：“算了吧，白大爷，你哪儿来还回哪儿去，就凭你挣那么一点钱，也去支教？”

…………

幸亏白方礼是个生性豁达的老人，对别人的冷嘲热讽他一笑而过，他常说：“我就是个没嘛文化的人，没嘛能耐去挣别的钱，我现在趁身子骨还能动，多少还能卖苦力挣俩钱，哪怕钱再少，可也能积少成多，毕竟还能资助几个娃儿。”

对于有人断言他干不长久，他表示：“只要我有力气，能蹬车，我干一天就是一天！”

是的，正因为年岁已高，白方礼的潜意识里始终紧绷着倒计时的弦，只要今天还有一分力气，他就要把这一分力气全部花费殆尽，如果明天还能醒来，还能看到新升的太阳，他明天就又会把所有攒下的力气再度花光，他是个力气“日光族”，他生命的每一天都在倒计时进行着！

他没有高远的理想，他重复来重复去的只有一件事：蹬车——挣钱——支教！

这是一根简单的直线，白方礼却“画”得有滋有味，做得庄严神圣。

不管是炎夏烈日高悬，还是严冬雪花纷飞，白方礼风雨无阻，他每天早上六点钟准时出发，要到晚上八九点钟才拖着疲劳的身子回家。有时接到大活儿，他甚至整夜不归。一次，他拉了近一吨的货送到离天津主城区50多公里的杨村，一夜未归，家里人找遍了天津城的几个火车站，都没找到老人，直到次日凌晨，老人才疲惫不堪地回到家。

儿子白国富看父亲这么拼命，他含泪请求父亲即使拉客拉货，也不要再出远门，免得家里人担心。可是，白方礼却乐呵呵地掏出百十元钱，说："不出远门，不拉重活，哪能挣这么多钱，这笔钱够一个娃儿一个月的生活费了。"

白国富着实心疼父亲，就对父亲说："您一心想挣钱支教，这样，我们姐弟几个商量一下，每个月给您攒点儿钱，您就少拉点儿活，也不影响您捐款。"白方礼却正色道："这可不成，用力气换钱是天经地义的事儿，要是靠你们赞助来支教，一来你们都是拿工资的，要养家糊口，一次两次可以，要是长期下来，你们也吃不消；二来我这样做，让那些娃儿知道白爷爷的每分钱都来得不容易，才更会激励他们好好学习。"父亲的话，让白国富无言以对。尽管他也算一个知识分子，可这么多年来，他却常常说不过几乎是文盲的父亲。

大巧若拙，白方礼用最浅显直白的道理，让白国富深受教育。

白方礼给自己订下了每天得挣多少钱的计划，晚上回家时，不管多晚，他都会把挣来的那些零钱，一分一角一元地归类后清点，有时要清点好几次，清点完毕后，他就掏出那只铝皮的饭盒，把那些零钱放进去，那铝皮饭盒成了他的储钱罐。如果当天所挣的钱超出了他的计划，他的脸上会浮出笑容，会带着满足进入梦乡。如果所挣到的钱达不到他的计划，那他就会愁眉不展，在床上辗转反侧，久久不能入眠，第二天，他就会起得更早，回来得更晚，为的是将这不足补上……

老人所有的积蓄都捐出去了，退休工资捐出去了（1974年白方礼从天津市河北运输厂退休），每天蹬三轮车所得也捐出去了，对这样的“裸捐”，老人一点也没有遗憾，相反，他还更无牵无挂。儿女们经常劝他：“爸，您捐款支教，我们并不反对，可是您总得给自己留点儿吧，以备不时之需。”

“我要存嘛钱，我现在身体挺硬朗，要是哪天真正病倒了，爬不起来了，那是我的大限到了，你们不要给我治，我也不想让你们浪费嘛钱。你们现在都有工作，都有收入，你们也别指望我给你们留下嘛遗产，我现在的生活最简单，只要每天能填饱肚子就行了，别的任何钱物对我而言都用不上！”

老人对物质生活真的一无所求，多年来，他从未添置一件新衣服，身上的衣服破了，他就缝补一下继续穿，有时一件衣服补丁摞补丁，他也舍不得扔，他还去捡别人扔掉的衣服，穿的两只袜子常常是不一样的，那是他捡来的袜子自个配成对儿的。他吃得更简单，除了晚饭回来吃一顿外，中午在外面就啃从家中带出来的馒头，如果馒头不充饥，他又去捡别人扔掉的那些过期食物。中午剩下的稀饭，晚上就点面汤，倒在一起喝。

这种特殊的“佳肴”，他不光自己喝，还要家人一起喝，儿媳妇许秀芹头一次喝到这粥不是粥、面不是面的怪味时，怎么也难以下咽，白方礼就说：“你不喝我喝，但是我告诉你，你不要在这方面搞特殊，我们都喝，你一定要喝，咱们把钱省下来支援国家建设。”

这哪像一个有儿有女有工资养老的老人啊，地地道道一个

“叫花子”的形象，儿女们面子上挂不住了，他们纷纷给老人买来各式各样的新衣服，尤其是在沧州市工作的大女婿秦志成，几次给老人送来棉衣，但一转身的工夫，老人就给捐了。儿女们对此“深恶痛绝”：“你不考虑自己的形象，可也得考虑我们做儿女的面子啊，不然别人还以为我们多忤逆呢！”

“嘛？你们嫌我丢人啦？我早跟你们说过，让你们不要浪费钱，我这样挺好，比过去的衣着强一百倍了！”老人的一番话，呛得谁也不敢再吭声。

此后，他们也被“逼”出了一个办法，那就是不再送新衣服给他了，就拣家中质地较好的旧衣服送给他，秦志成还专门收购一些旧衣服送给白方礼。看到是旧衣服，白方礼才满心欢喜地收下来。

虽然穿的是旧衣服，但总算改变了“叫花子”的形象，儿女们这才松了一口气。

## 追拍白方礼的日子

两摞砖上面搁一块木板和一件旧大衣，这就是“床”！

两个冷馒头加一瓶凉水，就一点点咸菜疙瘩，这就是“食”！

从头到脚穿的是不配套的衣衫鞋帽，看起来像个乞丐，这就是“衣”！

难道白方礼就不能睡席梦思，隔三岔五地吃些鱼肉，穿得舒适好看一点吗？他完全有条件做到这样。且不说他儿女成群，有的还是领导干部，仅他的退休工资就够他过一个丰衣足食的晚年了。还有，他创办的白方礼支教公司，一个月能有上万元的利润，这强有力的经济后盾绝对能保证白方礼将日子过得有滋有味。

然而，他还是选择了“苦行僧”式的生活！不，这不是选择，是他别无选择！

他承诺，每月要给南开大学、天津大学的贫困学子按时捐助；他承诺，每月要给红光中学藏族班的学生提供每人30元的生活补助；他承诺，每月捐出1000元给华夏未来少儿艺术基金会，用于对基金会选出的40名贫困学生进行资助……

他还要给敬老院的老人献爱心，还要向社会慈善机构献爱心，还要向社会弱势群体献爱心……

没有人逼着他这样做，也没有人督查他做的序时进度。但他的心里，却有一根鞭子，时时鞭策着他，激励着他，驱动着他！

# 2. 喂麻雀的老人

⊙陈艳敏

上完画画课我去海军大院的干部食堂吃饭，走着走着看见一个老人摇着自行车铃从我身旁经过，奇怪的是他的身边跟了一群麻雀，绕着他的自行车，跟他保持非常近的距离，等他将自行车在食堂门口停稳，麻雀已经在他身边的空地和台阶上落下，看着老人，叽叽喳喳地叫着。老人从自行车筐里取出一个袋子，拿出一些不知道是谷子还是米粒一样的东西撒向它们，那些小鸟就不顾一切地争抢着，飞来飞去……而我，却被眼前的场面惊呆了：这是怎么回事？

出了一会儿神，我跟眼前的老人搭话："您是来喂麻雀吗？"

"对，十几年了。"

"这也太神奇了。"

"嗯，我一来，它们都来了。"老人面带笑容，看着那些幸福的小鸟说，"你看，今天来吃食儿的都是麻雀妈妈。"

"哦？为什么呀？"

“因为它们把食儿衔走了，但自己没有吃，去喂他们的孩子吃了。”

我仔细观察了一下，果然，那些鸟叼了一粒粮食，就向近处或远处的大树飞去，不停地飞去、飞来，叽叽喳喳的声调里始终带着欢快。

坦率地说，在国内，我还很少见过动物跟人这么接近，人对动物的杀戮方式，已经让动物对人失去了信任，无论是在野外还是在公园，我看到的动物都是远远地躲着人，用恐惧抑或戒备的眼光思忖着人类，与人类对峙，即便你善意地想要接近它们，那也是一件困难的事。在国外，我看到的是另一番情景。去年夏天在夏威夷岛，我曾看到小鸟就在人们的脚边自在地蹦来蹦去，看到鸭妈妈带着几只小鸭子从从容容、不急不躁地过马路；在海边，白鹭鸟和一些不知名的小鸟旁若无人地在草地上待着，你的到来不会引起它们丝毫的惊恐……

而今天的场面却让我改变了看法：我们的鸟儿原本也可以与人类如此接近！那么是什么拉近了动物和人类的距离呢？恐怕只有一个字：爱。

老人还在一把一把地将他精心准备的鸟食儿撒向觅食的麻雀，麻雀妈妈们依然围着老人飞来飞去，恍惚间，我突然感到这场面如此熟悉——我想起了在昆明旅游时于翠湖边听来的海鸥老人的故事，这个真实的故事已经在那里流传了许多年：20世纪80年代起，每年冬天的早晨，车水马龙的翠湖边，都徘徊着一个孤独的老人，10余年里，他节衣缩食，用微薄的退休金喂养着每天飞临翠湖的100多只红嘴鸥，他给每只海鸥都取了名字，像守护自己的儿女一样守护着这群小精灵。1995年的冬天，当这群西伯利亚的白色精灵再次飞临昆明的时候，海鸥老人病逝了。老人家里唯一值钱的东西就是几个鸡蛋，老人舍不得吃，原本是准备蒸鸡蛋馍喂海鸥的。老人死后，有人在翠湖边老人常去的地方挂出了老人的照片，那一天，成千上万只海鸥飞来，围着老人的遗像翻飞盘旋，连声哀鸣，不肯离去，出现了曾被很多昆明市民看到的感人一幕……

继而我又想起每天上班时，路过紫竹院公园看到的一位大妈和流浪猫的故事。一年四季，每天早上，她都拉着一个买菜的拉杆包如期到来，在紫竹院一座小桥边树丛间的空地停下来，掏出事先准备好的猫粮、水，这时身边已经围来了五六只猫咪，围着她“喵喵”地叫——它们都是无家可归的流浪猫。等大妈将食物放在盘子里，它们便狼吞虎咽地吃起来。有一次，一只猫咪待在房顶，懒洋洋地看着大妈和正在吃食儿的另外几只猫咪，但就是不下来，大妈将手遮在眉上，仰头一边望一边向它喊：“快下来，吃饭了，快下来……”语气缓慢轻柔，一遍又一遍，就像喊自己的孩子一样。每每看到这些，我的内心都会升起一股暖意，有时驻足看上几分钟。一个寒冷的冬天的早上，空气似乎都冻住了，而大妈还在那里，在那里喂她的猫咪，顷刻间我又被感动了，从包里掏出一百块钱塞进大妈手里，请大妈为这些流浪的猫咪买点吃的……

生活中，原本有着那么多感人的场景，不需刻意寻找，就能时时遇见。这些画面，这些人，都平凡至极，但平凡之中，却透着无尽的美感，让我们不经意间看见人性的善良，看见爱和慈悲，看见平凡之中的不平凡。

喂麻雀的老人也是十几年如一日，这里的麻雀已经认识他，围着他，欢迎他，亲近他，动人又温暖。这些承载了美好人性的画面，比世人追逐的权力、财富等似乎更富有隽永的气质和永恒的光芒，我常常被这些温馨的场景吸引，被这光芒照耀和指引，时时，处处。这看似微弱的美好，才是人类真正的希望。浮云万象之中，我相信，仍有美好的品质万古留存。

喂完麻雀，老人进到食堂去吃饭了，我想，如果有机会与他深入交流，他一定还有更多的关于麻雀的故事告诉我……

而此时的我，只想把它记下来，以自我内在的爱和光明，唤起更多的爱和光明，亦是一种使命，美好和美好，总会相互感应，那才是穿越时空和岁月的正向的恒在力量。我要祝福老人，祝福世上所有怀有大爱的善良的人们。

# 3. 护林员老杨

⊙侯发山

天麻麻亮，老杨就起床了。说是“床”，其实是山上的石头支起来的石板。他打开蛇皮袋看了看，能糊口的只剩红薯了。他上山将近两个月，哪有干粮不吃光的道理？老伴身体虚弱，不会背粮来给他的，她根本就爬不上这海拔1800米的山。他也想下山，可是，两个多月没下一滴雨了，正是高火险天气，林区枯枝落叶见火就着，而且在此防火期里，要一天三次向县林业局防火值班室报告林区的情况，实在是离不开啊。老杨装上两块红薯，背一壶开水，拿一把斧头，出发了。

山上的树木密密匝匝，郁郁葱葱。盘根错节的古榕，虬干曲枝的柏树，吐蕾展瓣的山杏，铺青叠翠的灌木……阵风吹过，绿浪翻滚，林涛作响。

老杨欣慰地笑了。

在山上整整20年了，这些树林可都是老杨看着长大的。林很密，山上也没有路，有时他用斧头把绊腿的荆棘砍掉；有时枝丫低垂，他不得不趴在地上匍匐过去。有时从树枝上垂下几丝茑萝，缠在他的脸上；有时遇见啄木鸟贴在树上一动不动，用惊喜的眼神凝视着他；有时听见黄鹂和画眉的歌唱，但不知在什么地方……一会儿工夫，他头上的汗珠子就滚了下来，流进眼里又酸又涩，但他已习以为常了，用袖子抹了一下脸上的汗珠，继续往前赶路。如果不抓紧时间巡视，他怕天黑前摸不回他住的山洞里。

来到一个小山头，老杨拿出高倍望远镜认真地四下观察，发现没有异常后，才松了一口气。然后，他就对着大山可着喉咙吆喝起来："嗷嗬，嗷嗬……我来了！"空旷的山谷里一波一波地回荡着他的喊声。他好想和人说说话，可是山上没有人，方圆10千米都没有人烟，他只有自己"吼"给自己听了。可是他的声音并不美妙，他吼了几声就气馁地放弃了。

忽然，一阵哗啦啦的声音传来，他循声望去，愣住了，只见七八头野猪向他围了过来，看样子最大的有一百多公斤重，最小的也有四五十公斤。在离自己十几步远的地方是十多丈高的悬崖，已无退路可走。他就屏着呼吸，忍着钻心的疼痛，躲进旁边的圪针丛里，腾出一条通道让野猪过去。直到这群野猪从视线里消失，他才慢慢地爬出来。

老杨庆幸化险为夷。他来到另一个山头，刚放下的心又被悬了起来：他看见了山脚下的浓烟和火光！他浑身打战，又气又急，这火就像是在烧他的骨头，烧他的心啊！虽然失火处在林子边缘，可如果不及时扑灭，一旦引燃山林，后果不堪设想。他拨打119和110

后，立即向林业局防火值班室报告险情，随后向山下跑去。

等老杨跌跌撞撞跑到山下，他身上的衣服被荆棘扯得长一片短一截，脸上、胳膊上挂满了一溜一溜的血道子；他的两只黄球鞋不知什么时候跑丢了，两只脚掌上的血泡磨破又生出，血淋淋的惨不忍睹……他气喘吁吁、大汗淋漓，加上头发长长的，胡子黑刺刺的，着实把人们吓了一跳，以为是“野人”下山了。

老杨看到着火的地方不是林子，是一堆干草枯叶，而且已被大伙儿扑灭了，他心里一松劲儿，一屁股瘫坐在地上，好半天才在老伴的搀扶下站起来。纵火者是一个不到20岁的孩子，他怯怯地站到老杨面前，不知如何是好。老杨的脸本来就黑，这下更黑了，他狠狠扇了那个孩子一巴掌，说：“杨林，你不上学，咋回家放起火了？若把山林点着，等着挨枪子儿吧！”早有人拉开了老杨，劝说着他。老杨的老伴抹着泪，拉过那个叫杨林的孩子的手，哀怨地对老杨说：“孩子早就毕业了……”

老杨愣怔了一下，愧疚地看了杨林一眼，但他什么也没说。

杨林看了看老杨，终于开口说道：“我和娘好多天没看到你了，很想你，又不知道你在山上什么地方……我就弄来一堆干草点燃了，猜测你看到火光一定会下山的。”说到这儿，杨林就泣不成声了。

老杨一把抱住杨林，眼眶中也爬出了泪，他哽咽着说：“孩子，爹对不起你……”

第二天，老杨背着一袋子干粮又上山了。他后面跟着一个孩子，那是他的儿子杨林。

# 4. 把苦难熬成花朵

⊙顾晓蕊

穿过一条古朴的街巷，沿着青石板路向前走，我回到梦中的故园。这里是我的出生地，可少小离家，近年又回来得少，对它的记忆已近淡薄。我随意地四下逛着，不知不觉来到阿婆家，见门头挂着个“农家书屋”的牌子。

我怀着几分好奇，走进篱笆围成的小院。在一个简陋的房间里，有两排书架，架上摆着许多旧书。柜顶有几盆绿色植物，长长的藤蔓，素雅的花朵，使整个房间充满了生机。地上放有长条桌椅，几个孩子坐在那儿读书。

阿婆倚着门，坐在阳光下织毛衣，神色从容安然。这时，适逢阿婆的儿子从屋里出来，相互寒暄了几句后，我随口问道：“怎么想到开书屋呢？”

“我在村里小学教书，孩子们的课余生活很单调，母亲提议开间书屋，让孩子们多读些课外书。”他笑着说，“我骑三轮车带着母亲到县城，收集居民捐赠的图书，为了收书可没少跑路啊。”在随后的聊天中，他讲起一段曲折而伤感的故事。

阿婆本名叫陈梅香，30多岁守了寡，带着年幼的儿子过日子。她每天早上天不亮就到地里干活，晚上还要在煤油灯下糊纸盒，日子过得紧巴巴的。

有一年赶上大旱，庄稼颗粒无收，家里断了炊，儿子饿得直哭。阿婆哄道："你看，一大片阳光，暖暖的，香香的。"孩子止住泪，眼睛瞥向门外，可阳光抵不住饥饿，没一会儿他又哭了起来。

阿婆叹了口气，把儿子一个人留在家里，自己出去挖野菜。傍晚回到家时，阿婆又累又饿，双脚如踩在云上，儿子抱着几个窝头跑出来说："娘，娘……有吃的了，别人给的。"阿婆眼睛一热，走进灶间烧水做饭。

多年以后，阿婆还记得那顿饭的清香，盐水煮菜叶，就着窝窝头，吃得浑身直冒汗。这以后，儿子出去玩时，兜里经常塞有乡邻给的食物。他们用这样的方式，悄悄地关照苦命的母子。

阿婆苦盼苦熬地把儿子带大，供他上学读书。儿子的学习成绩一直很好，终于在那年夏天，考上了县里的一所高中。虽然日子好过了不少，不再为温饱担忧，可学费还是让阿婆犯了愁。

村里人知道后，这个送来半袋面，那个送来一篮鸡蛋，里面放着十元、五元的零钱。阿婆眼角湿湿的，对儿子说："这世上没有迈不过的坎，可得记住乡亲们的恩情。"

阿婆的儿子高中毕业后，回到村里任教，一晃30多年了。起初，由于乡村教师工资低，儿子想外出打工，阿婆劝他说：“村里缺老师，孩子们要读书，你就安心留下来吧。”他听从母亲的话，渐渐喜欢上这份职业。

我们正闲聊着，听到阿婆喊：“柱子，过来试试毛衣。”一位衣衫单薄的男孩，放下书本跑到阿婆身边。深蓝色毛衣套到身上，正好合身，男孩兴奋地大声说：“我有新毛衣穿了！”

阿婆的儿子对我说：“平时书店由母亲照看，她对孩子的情况比较了解。那个孩子家里条件不好，到了冬天手脚冻得红肿，母亲赶集时称了毛线，给他织身毛衣毛裤。”

男孩开心地在屋里转了一圈，然后偎在阿婆身边，忽闪着眼睛问道：“婆，你在看啥呢？”她微眯着眼，很享受地说：“你看，多好的阳光啊。”男孩歪着头，伸手去抚摸金色的阳光，阳光在他的指尖跳跃。

阿婆笑了，脸上的皱纹绽开如菊。她尝遍人间的苦，白发如雪，满面沧桑，仍旧平和而慈祥。我不由得想：正因为她心有阳光，才能穿过幽暗的岁月，把苦难熬成花朵，那是开在心灵深处的善良之花。

# 5. 怀揣羊羔的老人

⊙李 娟

太阳完全沉下群山，天色却仍然明亮、清晰。我们出去散步，沿着河岸走了两公里后，四周景物才渐渐暗了下来。我们便开始往回走。

河谷对岸森林密布。河水清澈，宽阔，冰凉刺骨的水汽一阵阵扑面而来。在天边悬了整整一天的白色月亮，已转为金黄色，向群山深处沉去。

这时，有小羊羔撕心裂肺的咩叫声远远传了过来，凄惨又似乎极不情愿。我们站住听了一会儿，我妈说："可能这附近哪儿丢了小羊娃子了。走，去找找看。"

我们循声音爬上河岸边高高的岩石，走进一片深深的草甸。这里有一片沼泽，我们小心地绕着走。

前面远远走来一个老人，近了，这才弄清声音的出处原来在她怀里——怪不得小羊的叫声这么别扭，原来它被抱得极其难受。那个老太太像抱小孩子一样抱人家，把它竖起来，一手搂着它的小肚皮，另一只手托着它的小屁股。小羊惨叫连连，不舒服极了，一个劲儿地挣扎。于是这个老太太就换了姿势，把羊扛到背后，像背包袱一样斜着反背着人家，一只手绕在肩头攥着两只小前蹄，一只手反到背后攥着另外一对后蹄。这下她自己倒轻松了好多，可怜那羊羔更痛苦了，于是叫得也越发不满。

我们都笑了，这个又高又壮的老太太我们都认识，她常去我们家小店买东西，是这附近唯一的维吾尔族人。

“怎么了？这是——”

她乐呵呵的：“这个嘛，它的妈妈嘛，找不到了嘛，看——它哭呢！”

我们心想：明明是你把人家弄哭的。

又说了几句，道别了。

走出这片沼泽后，羊咩声犹在不远处凄厉厉地回荡。回过头来，天色已很暗了，依稀可见老人家的粉红色碎花长裙在深深草丛中晃动。而她绿色的头巾已完全成为黑色。

一到冬天，我们店里卖得最快的东西居然是奶瓶上的橡胶奶嘴，几乎每天都在出售。可大桥附近就那么两三个小村子，百十户人家。真奇怪。为此我妈还自作聪明地得出了两个结论：一、这个地方的计划生育没抓落实；二、这里的婴孩普遍牙齿长得早。

结果完全不是那么回事。那些人买奶嘴是为了回家喂小羊羔吃奶。

冬羔不像春羔那么易成活。冬天很冷，不能跟着母羊在室外活动，非常弱，因此很大程度上得靠人工喂养。一到了冬天，家家户户都得预备一些纸箱子给将要出生的羊羔垫窝。常有人打发孩子到我家商店要纸箱子。谁家冬羔产得多，推开他家的门，一眼就看到炕边墙根一排纸箱，每只箱子各探出一颗小脑袋。

小羊羔真是可爱的小东西。它有人一样美丽的眼睛，长长的睫毛。若是小山羊的话，额头上还会有一抹刘海儿。它的嘴巴粉红而柔软，身子软软的，暖暖的，谁都愿意搂它在怀里，好好地亲一亲。我们这里有的年轻姑娘在冬天里串门子，就会搂上自家的一只小羊羔（就像城里的女孩上街搂宠物狗似的），一身温柔干净的少女气息，用孩子一样喜悦新奇的小嗓门轻轻交谈。那些小羊羔们就软软地、乖巧地各自趴在主人香喷喷的臂弯里，互相张望。看了那情景，记忆里的整个冬天都只剩下了微笑。

有天夜里，正围着桌子吃饭呢，这时门口厚厚的棉布门帘一拱一拱的，像是有人要进来。问："是谁？"却又不回答。走过去掀开门帘一看，没人，脚下却有动静——一只银灰色小羊羔从我妈脚边顺着墙根快快地、一扭一扭跑了进来，一路跑到火炉边，晃晃身子，抖落身上的雪屑，再熟门熟路进了我家厨房，把案板架下的白菜扒拉出来，细嚼慢咽。

你无法恨它，尽管白菜只剩最后一棵了。

于是只好帮它撕几片叶子由着它吃，一直等到主人找上门来为止。

有时候出门，在雪窝里捡到一只，颤颤巍巍地蜷着。于是抱回家养一养，到时候自有人找上门来要回去。

漫长冬天里只要是有关小羊羔的细节，真是又温暖又清晰。

我们家也养过一只羊。只可惜当时我不在家，等回来时，它已经长得老大了，也就不那么好玩了。但我想它小时候一定特别可爱，否则我妈也不会把它惯成这样——它居然不吃草！只吃麦粒和玉米。你听说过有不吃草的羊吗？

我妈说：“幸好不是个人，否则更难对付。”

那羊被圈在我家小店后面的窗台下。平时静悄悄的，一听到店里有动静了，就撕心裂肺地惨叫，还把两条前腿搭在窗台上，嘴巴贴在玻璃上做出哀怨的神情。弄得来我家买东西的顾客都以为我们怎么虐待它了呢，纷纷指责：“你们就给它一点吃的嘛！”

顾客一走，它又立刻安静了，从窗台上跳下去。乖乖地卧在自己的小棚里。我妈打开窗户，指着它的鼻子说：“你！你！……”然后在其无辜的注视下，无奈地往它堆满了青草的小食盆里再添两把苞谷豆儿。又说：“等着瞧，总有一天我非吃了你不可！”

我们漫山遍野地走，经常与转场的驼队共行一程。这些浩浩荡荡的队伍，载着大大小小的家当，前前后后跟随着羊群，一路上尘土荡天。

那些人，他们这样流动的生活似乎比居于百年老宅更为安定。他们平静坦然地行进在路途中，怀揣初生的羊羔，于是母羊便紧随鞍前马后，冲着自己的孩子着急地咩叫不停——它是整支队伍里最不安、最生气的成员。尽管如此，这样的场景仍是一幅完整的家的画面。

初生的小羊羔和初生的婴儿常常被一同放进彩漆摇篮里，挂在骆驼一侧。当骆驼走过身边，随手掀起摇篮上搭着的小毛毯，就有两颗小脑袋一起探出来。还有一个怀抱羊羔的老人，她看起来快要死了，但怀中的羊羔却又小又弱，犹是初生。

她衣衫破损，神情安静。脚下一块新鲜的胎盘。

她站在河边。河水轰鸣，冰雪初融。春天就要到了。

我一直在想，游牧地区的一只小羊羔一定会比其他地方的羊羔更幸运吧？会有着更为丰富、喜悦的生命内容。至少我所知道的羊，于牧人而言，并非仅仅是作为食物而存在着——更是为了“不孤独”而存在似的。还有那些善良的，那些有希望的，那些温和的，那些正忍耐着的……我所能感觉到的这一切与羊羔有关的美德，以我无法说出的方式汇聚成海，浸渍山野，无处不在。

# 6. 老师的“背”

⊙黎俊生

最近，我深入到粤桂边的云岭山区采访。所到之处，无论老者，还是稚童，都情不自禁地讲起云岭小学田老师的“背”。他们说，跟过田老师读书的学生，没有哪个没被田老师背过，可不是背一两天，而是一背就好几年；跟田老师读书的学生，一经田老师背过，就都恋上他的“背”，一生一世忘不了……

在我的采访中，所听到的一声声发自肺腑之音，所了解到的一个个真实的故事，都令我心潮涌动，经久不息！

石蛋是让田老师紧紧地背在“背”上，头一次跨进校园的。石蛋永远忘不了：那天，田老师到他家，绘声绘色地给他讲了很多动听的故事，还乐呵呵地逗他：“上学吧，我背你去！”

背？石蛋享受过！孩提时，妈妈常背他，妈妈的背软绵绵的，富有弹性，石蛋伏在上面，感到分外舒坦。姑姑也背过他，姑姑背着他去赶集，姑姑的背嫩嫩、滑滑的，散发出浓浓的粉香味儿，石蛋吸着这味儿，简直有点儿陶醉。

现在，田老师要背他上学，他想：老师的背一定比妈妈和姑姑的背强，伏在上面一定格外惬意。石蛋当然没有什么多余的顾忌，于是就像鸡啄米那样点头，乐颠颠地跑过去，伏在田老师的背上……

然而，当田老师背着石蛋上了路之后，石蛋就暗暗叫苦了。田老师大步流星地走着，他那件汗背心瞬间就被汗水浸透了，一股股又酸又臭的汗气直往上冒，钻进石蛋的鼻子里。这是多么难受啊，石蛋连连打着喷嚏，鼻涕口水像雨点般洒在田老师的背上。

此时，田老师却幽默地说："石蛋，我这汗味儿，你初次闻到，是会感到有点腥臭。嘿嘿，以后你品尝多了，慢慢习惯了，就一定会觉得很香很香……"

不知怎的，过了一些日子，在石蛋的感觉中，田老师那热汗的味儿果真在一点点地起变化：先是酸中带点儿香，进而变成幽幽之香，再进而变成馥郁之香，比闻玉兰花香还温馨呢。与此同时，石蛋的"心灵"也在一点点地起着变化，后来他不但再不讨厌田老师的汗气，甚至已离不开那汗气，如果一天没闻到，心里就像缺少了点什么。

石蛋现在读五年级了，还有一年就要惜别田老师，跨进高一级的学府了。石蛋异常珍惜这余下的不多的时光。夜里，石蛋在家里和爸爸一起睡，但在他眼前晃动的不是爸爸的背，而是田老师的背；梦里，田老师那馥郁的汗香，总是缭绕在他的鼻头！

山花，如今已是一位美丽大方的姑娘，在县重点中学读高二，她是“县十大杰出青年”“敬老优秀志愿者”呢。

山花永远不会忘怀那一幕，那荡气回肠的一幕：那天，当山花从山上采蘑菇回来，刚进家门，田老师就乐呵呵地迎了上来：“啊，你就是山花吧，多勤劳多乖巧的孩子啊！”田老师一边夸奖着山花，一边以热切的口吻劝学：“老师盼着你，同学们等着你，去上学吧……”

能走进多彩的校园，能在那儿朗朗地读书，快活地歌唱，这是山花昼思夜想的事儿啊！可是，半瘫痪的爸爸，以及被沉沉的家庭重担压得喘不过气来的妈妈，根本不可能亲自领着她去上学。而她要上学，就得翻越两座山三道梁，走十多里怪石嶙峋的羊肠小路。年幼、孱弱的她，怎么应付得了！此刻，听着老师的话，她嘴巴嗫嚅着，不知说什么好……

田老师也许看透了山花矛盾着的心绪，马上蹲下来，一把将她搂到背上，迈开大步，上了那条弯弯曲曲的山间小路……

田老师这一背，就把山花背到三年级。这是整整的三年啊，除了寒暑假，山花天天都离不开田老师的背。三年，1000多天，每天数次，山花伏在那背上，沐晨雾，披晚风，感受着田老师那暖暖的体温。

田老师去背她的时候，经常穿的那件背心总是千疮百孔：这，无疑是那些调皮的学生用脚蹬、用手抠而成就的“杰作”。细心的山花，还发现田老师的背脊梁有点儿弯了，背有点儿驼了。这，也许是他长年累月地承受着山娃们那超负荷的重压，经受着山娃们粗糙的衣服的摩擦而造成的啊！小小年纪的山花，鼻子一酸，泪花星星点点地洒落在田老师的背上……

田老师还以为是天公不作美，飘起小雨来了，立刻止了步，抬头眺望天空。当他看见仍是蓝天白云时，感到十分奇怪，就喃喃道："怎么这么怪，怎么这么怪……"这，逗得山花忍俊不禁，扑哧地笑了……

山花从小学步入初中、高中，斗转星移，时光已流逝，但田老师那脊背的样儿，仍然清晰地印在她的脑际，仍然使她时时感动，仍然时时在心中涌起不尽的思念……

龙飞，如今已成为乡农科站的技术员。孩提时，他是一个"贪玩王"，要么与小伙伴们捉迷藏，要么举着熊熊的火把去烧蜂窝，要么就像灵敏的猴子，去爬树攀枝掏鸟蛋。玩，就像一个强大的磁场，紧紧地吸引着他；玩，几乎是他生活的全部，宁愿不吃饭也要玩！爸妈说要他上学，他就像惊弓之鸟，"呼"一声飞走了……

那天，龙飞是在树上被田老师一手抱下来，并且强硬地把他搂上脊背。龙飞意识到：这趟，可要被田老师逼着上学了。

上学？岂不是要被困在学校那个笼子里，想飞不能飞，想玩不能玩吗？不，不能被困着！龙飞就像泥鳅那般，在田老师的背上拼命地扭动，一心想挣脱。可田老师那强而有力的臂弯，就像孙悟空头上的紧箍咒一样，紧紧地把他箍在背上，让他动弹不得。

不懂事的龙飞从衣袋里掏出一把玩具小刀儿，在田老师的背上狠狠地划了一刀，还气呼呼地说：“看你让我下来不！”

当即，田老师的汗背心连同他的皮肤都被划破了，脊背上渗出了殷红的鲜血，这可把龙飞惊呆了……

然而，令他想不到的是，田老师没有骂他，没有惩罚他，只是暂且把他放下来，在路旁摘几片叶子（也许是山草药），放进嘴里用牙齿嚼烂敷上，又背着他上路，只是淡淡地说：“划了就划了，以后再不划就行了……”

多少年过去了，也许龙飞在老师背上划下的刀痕，还没有被岁月填平。酸楚的浪潮常在龙飞的心间涌动，狠狠地撞击着他的心扉，使他流下伤心的眼泪！

…………

我终于来到田老师从教的云岭小学。这是一所怎样的学校啊！在那山崖壁立的云岭脚下，坐落着两幢低矮的平房，屋顶层层叠叠的瓦片，陈旧破碎得不像样子。显然，是一次又一次修补的结果。一块锈迹斑斑的犁铧，挂在房前那棵古老的桂树上，这就是指挥上下课的“校钟”。

这所小学曾有个教师三人的顶峰时期，但这只不过是短短的一个学期，其余的日子，就是田老师一人扎营，单枪匹马在这儿辛勤耕耘了二十多个春秋。

我到达这儿时，已是下午五时许，学校已放晚学。学生都离校了，有幸见到的是一位自愿来护校的老伯。我急着问：

“老伯，田老师在哪儿？”老伯说：“田老师背学生过河去了，去看看……”

于是，他领着我来到学校门前那条溪的岸边。啊，这当儿虽然不是雨天，但小溪也有急流浪飞的镜头。从眼前可以想象得到，当狂风暴雨、溪涨流急的时候，是一种怎样的情景！而田老师背着孩子过溪，又是一种怎样的情景！

此刻，背着孩子过河的田老师，已到了溪的彼岸。但是他没有把孩子放下，而是一步步地蹬上那条羊肠小道。也许田老师背上的孩子没有小伙伴同路，老师不放心让他独自回家；也许田老师背上的那个孩子过于年幼，他担心孩子稚嫩的脚板被路上嶙峋的石子戳破；也许田老师背上的那个孩子身体不适，老师唯恐他在路上头晕、呕吐……

老伯告诉我，在这所小学读书的学生，谁都被田老师背过，时间短的被背一二年，时间长的被背了三四年。一年三百多天，一天背数次。哪个学生被田老师背过的次数，不是数以百计、数以千计啊！

这所小学的学生少的时候不过二三十人，多的时候有四五十人。每年都有一批学生从这儿走出。二十多年来，从这儿走出去的几百名学生，都带着田老师的体温，走进高一级学校，走向山外，走上锦绣的前程！你说，哪个学生能不留恋老师的背，能忘记老师的背！

从神州的南国到北疆，何止只有这样一个田老师，何止只有这样一个老师的背！在全国小学教师队伍中，还有成千上万这样的田老师，还有成千上万个像田老师这样的背！就是因为有成千上万这样的背，才能让千千万万的学生走出困境，才能让义务教育的鲜花怒放，才能让教育的园地万紫千红！

### 《论语》成语集萃（立志篇三）

#### 发愤忘食

【释义】努力学习或工作，连吃饭都忘了。常与“乐以忘忧”连用，形容十分勤奋。

【出处】子曰：“发愤忘食，乐以忘忧，不知老之将至云尔。”

——《论语·述而》

#### 大节不夺

【释义】指面临生死关头，仍不改变其原来的志向。

【出处】曾子曰：“可以托六尺之孤，可以寄百里之命，临大节而不可夺也。”

——《论语·泰伯》

# 单元学习任务

## 任务一

人间有情，大爱无疆。从本单元“组文阅读”的文章中选取你最有感触的段落，反复朗读，圈点勾画有表现力的词句，仿照本单元“范文阅读”的形式做批注。

## 任务二

本单元的文章，写人记事都选取了真实感人的细节，正是这些细节使文章富有感染力，让我们印象深刻。请选取三处细节描写，体会其在文中的具体作用。

文章标题：

细节描写：——作用：

文章标题：

细节描写：——作用：

文章标题：

细节描写：——作用：

## 任务三

我们身边有平凡人的奉献，也有卓越者的耕耘，大爱无处不在。请你选择一种新闻媒介，比如报纸、期刊或新闻网络，找一找当代中国的大爱故事，在班级里开一个交流会，选择有代表性的素材，出一期主题班报。

# 以事传理

我们的人生中，总有一些尘封在记忆深处的经历，在某个阳光倾泻的午后或静谧安详的月夜突然浮现，带我们回到充满温情的往昔。那里有我们成长的脚步，有让我们感念的人和事。那些温婉的笑容、饱含深意的话语、面临困境时的坚持，无不是那段时光最美丽的注解，它们给予我们勇气，帮助我们找到真实的自己。

阅读本单元文章，继续学习默读，在整体感知的基础上，提高默读速度，同时勾画出文中标志事件发展和人物心理的关键语句，理清作者的思路；还要关注描写人物的方法，可以从语言、动作、心理、细节描写等角度，感知人物形象，把握人物的成长过程，理解文章的主题思想。

# 1. 捅马蜂窝

⊙冯骥才

爷爷的后院虽小，它除去堆放杂物，很少人去，里边的花木从不修剪，快长疯了；枝叶纠缠，阴影深浓，却是鸟儿、蝶儿、虫儿们生存和嬉戏的一片乐土，也是我儿时的乐园。我喜欢从那爬满青苔的湿漉漉的大树干上，取下又轻又薄的蝉衣，从土里挖出筷子粗肥大的蚯蚓，把团团飞舞的小飞虫驱赶到蜘蛛网上去。那沉甸甸压弯枝条的海棠果，个个都比市场买来的大。这里，最壮观的要数爷爷窗檐下的马蜂窝了，好像倒垂的一只大莲蓬，无数金黄色的马蜂爬进爬出，飞来飞去，不知忙些什么，大概有百十只之多，以致爷爷不敢开窗子，怕它们中间哪个冒失鬼一头闯进屋来。

“真该死，屋子连透透气儿也不能，哪天请人来把这马蜂窝捅下来。”奶奶总为这个马蜂窝生气。

“不行，要蜇死人的！”爷爷说。

“怎么不行？头上蒙块布，拿竹竿一捅就下来。”奶奶反驳道。

“捅不得，捅不得。”爷爷连连摇手。

我站在一旁，心里却涌出一种捅马蜂窝的强烈渴望。那多有趣！当我给这个淘气的欲望鼓动得难以抑制时，就找来妹妹，趁着爷爷午睡的当儿，悄悄溜到从走廊通往后院的小门口。我脱下褂子蒙住头顶，用扣上衣扣儿的前襟遮盖下半张脸，只露一双眼，又把两根竹竿接绑起来，作为捣毁马蜂窝的武器。我和妹妹约定好，她躲在门里，把住关口，待我捅下马蜂窝，赶紧开门放我进来，然后把门关住。

妹妹躲在门缝后边，眼瞧我这非凡而冒险的行动。我开始有些迟疑，最后还是好奇战胜了胆怯。当我的竿头触到蜂窝的一刹那，好像听到爷爷在屋内呼叫，但我已经顾不得别的，一些受惊的马蜂“轰”地飞起来。我赶紧用竿头顶住蜂窝使劲摇撼两下，只听“嗵”一声，一个沉甸甸的东西掉下来，跟着一团黄色的飞虫腾空而起，我扔掉竿子往小门那边跑，谁料到妹妹害怕，把门在里边插上，她跑了，将我关在门外。我一回头，只见一只马蜂径直而凶猛地朝我扑来，好像一架燃料耗尽、决心相撞的战斗机。这复仇者不顾一切而拼死的气势使我惊呆了。瞬间只觉眉心像被针扎似的剧烈地一疼，挨蜇了！我下意识地用手一拍，感觉我的掌心触到它可怕的身体。我捂着脸大叫。不知道谁开门把我拖到屋里。

当夜，我发了高烧。眉心处肿起一个枣大的疙瘩，自己都能用眼瞧见。家里人轮番用了醋、酒、黄酱、万金油和凉手巾把儿，也没能使我那肿包迅速消下去。转天请来医生，打针吃药，七八天后才渐渐复愈。这一下好不轻呢！我生病也没有过这么长时间，以致消肿后的几天里不敢到那通向后院的小走廊上去，生怕那些马蜂还守在小门口等着我。

过了些天，惊恐稍定，我去爷爷的屋子，他不在，隔窗看见他站在院里，摆手召唤我去，我大着胆子去了。爷爷手指窗根处叫我看，原来是我捅掉的那个蜂窝，却一只马蜂也不见了，好像一只被丢弃的干枯的大莲蓬头。爷爷又指了指我的脚下，一只马蜂！我惊吓得差点叫起来，慌忙跳开。

“怕什么，它早死了！”爷爷说，“这就是蜇你的那只马蜂，可能被你那一拍，拍死的。”

仔细瞧，噢，原来是死的。仰面朝天躺在地上，几只黑蚂蚁在它身上爬来爬去。

“马蜂就是这样，你不惹它，它不蜇你。”爷爷说。

“那它干吗还要蜇我呢，这样它自己不也完了吗？”

“你毁了它的家——那是多大一个家呀！它当然要跟你拼命的！”爷爷说。

我听了心里暗暗吃惊，一只小虫竟有这样的激情和勇气。低头再瞧瞧这只马蜂，微风吹着它，轻轻颤动，好似活了一般。我不禁想起那天它朝我猛扑过来时那副视死如归的架势，与毁坏它们生活的人拼出一切，真像一个英雄……我面对这壮烈牺牲的小飞虫的尸体，似乎有种罪孽感沉重地压在我心上。

那一窝马蜂呢，被我扰得无家可归的一群呢，它们还会不会回来重建家园？我甚至想用胶水把这只空空的蜂窝粘上去。

这一年，我经常站在爷爷的后院里，却始终没有等来一只马蜂。

转年开春，有两只马蜂飞到爷爷的窗檐下，落到被晒暖了的木窗框上，然后还在去年的旧窝的残迹上爬了一阵子，跟着飞去而不再来。空空又是一年。

第三年，风和日丽之时，爷爷忽叫我抬头看，隔着窗玻璃看见窗檐下几只赤黄色的马蜂忙来忙去。在这中间，我忽然看到，一个小巧的、银灰色的第一间蜂窝已经筑成了。

于是，我和爷爷面对面开颜而笑，笑得十分舒心。我不由得暗暗告诉自己：再不做一件伤害旁人的事。

# 2. 顶碗少年

⊙赵丽宏

有些偶然遇到的事情，竟会难以忘怀，并且时时萦绕于心。因为，你也许能从中不断地得到启示，从中悟出一些人生的哲理。

这是二十多年前的事情了。有一次，我在上海大世界的露天剧场里看杂技表演。节目很精彩，场内座无虚席。坐在前几排的，全是来自异国的旅游者，优美的东方杂技，使他们入迷了，他们和中国观众一起，为每一个节目喝彩鼓掌。

一位英俊少年出场了。在轻松优雅的乐曲声里，只见他头上顶着高高的一摞金边红花白瓷碗，柔软而又自然地舒展着肢体，做出各种各样令人惊羡的动作，忽而卧倒，忽而跃起……碗，在他的头顶上摇摇晃晃，却总是掉不下来。最后他骑在另一位演员身上，两个人一会儿站起，一会儿躺下，一会儿用各种姿态转动着身躯。站在别人晃动着的身体上，很难再保持平衡，他头顶上的碗，摇晃得厉害起来。在一个大幅度转身的刹那间，那一大摞碗突然从他头上掉了下来！这意想不到的失误，让所有的观众都惊呆了。

台上却没有慌乱。顶碗的少年歉疚地微笑着，不失风度地向观众鞠了一躬。一位姑娘走出来，扫起了地上的碎瓷片，又捧出一大摞碗，还是金边红花白瓷碗，十只，一只不少。

于是，音乐又响起来，碗又高高地顶到了少年头上，一切重新开始。少年很沉着，不慌不忙地重复着刚才的动作，依然是那么轻松优美，紧张不安的观众终于又陶醉在他的表演之中。到最后关头了，又是两个人叠在一起，又是一个接一个艰难的转身。碗，又在他头顶厉害地摇晃起来。观众们屏住气，目不转睛地盯着他头上的碗……眼看身体已经转过来了，几个性急的外国观众忍不住拍响了巴掌。那一摞碗却仿佛故意捣蛋，突然跳起摇摆舞来。少年急忙摆动脑袋保持平衡，可是来不及了。碗，又掉了下来……

场子里一片喧哗。台上，顶碗少年呆呆地站着，脸上全是汗珠，他有些不知所措了。还是那一位姑娘，走出来扫去了地上的碎瓷片。观众中有人在大声地喊："行了，不要再来了，演下一个节目吧！"好多人附和着喊起来。

一位矮小结实的白发老者从后台走到灯光下，他的手里，依然是一摞金边红花白瓷碗。他走到少年面前，脸上微笑着，并无责怪的神色。他把手中的碗交给少年，然后抚摩着少年的肩胛，轻轻摇了一下，嘴里低声说了一句什么。少年镇静下来，手捧着新碗，又深深地向观众鞠了一躬。

音乐第三次奏响了！场子里静得没有一丝声息。有一些女观众，索性用手捂住了眼睛。

这真是一场惊心动魄的拼搏！当那摞碗又剧烈地晃动起来时，少年轻轻抖了一下脑袋，终于把碗稳住了。全场响起了暴风雨般的掌声。

在以后的岁月里，不知怎的，我常常会想起这位顶碗少年，想起他那一次的演出，每每想起，总会有一阵微微的激动。

### 《论语》成语集萃（君子篇）

#### 当仁不让

【释义】原指以仁为任，无所谦让。后指遇到应该做的事，积极主动去做，不推让。

【出处】子曰："当仁，不让于师。"

——《论语·卫灵公》

#### 贫而乐道

【释义】意思是虽贫穷却乐于道，演绎为家境贫穷，却以获得知识、懂得道理为乐事。

【出处】子贡曰："贫而无谄，富而无骄，何如？"子曰："可也，未若贫而乐道，富而好礼者也。"

——《论语·学而》

# 3. 在沙漠中心

⊙〔法国〕圣埃克絮佩里

在这种没有水汽的地方，地上的热量很快就辐射完了。天气已经很冷了。我站起来走路，但很快我就哆嗦得受不了了。我的血液因缺水而循环不畅，寒气逼人，但这不只是夜晚的寒冷。我的牙床冻得格格作响，身子也抖得跟筛糠似的。我颤抖的手几乎抓不住电灯。我从前从不怕冷，而现在我却感到自己要冻死了，干渴产生的反应多奇怪啊！

因为懒得在大热天带着我的橡胶雨衣，我把它扔在路上了。可如今风越刮越猛。我发现在沙漠里根本没有藏身之所。沙漠就像大理石那么光滑。在白天它不会为你提供一点儿阴凉，晚上只会让你在寒风中没有一点儿遮蔽。没有一棵树、一道篱笆、一块石头可以容我藏身。寒风就像平原上的骑兵向我直冲过来，我只好团团转以躲避它的来犯。我躺下，又站起来。不管是躺着还是站着，我都得挨寒风的鞭打。我跑不动了，我再也没有力气了，我逃不出凶手的魔爪，我跪倒在地，脸埋在手心里，屠刀就在我头上！

过了一会儿，我才清醒过来。我站起身，笔直朝前走去，身子一直颤抖着！我在哪儿？啊！我刚离开，我听见普雷沃[1]的声音！是他的呼叫唤醒了我……

我朝他走回去，一直哆嗦着，好像在不停地打嗝儿。我对自己说："这不是寒冷，是别的原因。是我的大限到了。"我已经缺水缺得太厉害了。前天，还有昨天，我独自出去走了那么多路！

冻死的想法让我难受，我宁可死在内心的幻影里。

我仍然跪在地上。

我们随身还带了一点儿药品。100克纯乙醚，100克90度的酒精和一瓶碘酒。我试着喝了两三口纯乙醚，那就好像我吞了刀子下去。之后我又喝了一点儿90度的酒精，这下总算是把我的喉咙封住了。

我在沙地上挖了一个坑，我躺在里面，然后再用沙子盖住身体。只有我的脸露在外面。普雷沃找到了几根枯枝，生了一堆很快就会燃尽的火。普雷沃不愿意把自己埋在沙子里，他宁可跺脚取暖。他错了。

我的喉咙发紧，这不是个好兆头，但我自我感觉好过一点儿了。我感觉平静，一种超越了任何希望的平静。我身不由己地踏上旅程，面对星空被绑在贩奴船的甲板上。但我或许还不是很不幸……

我不再感到寒冷，只要不动任何肌肉。于是，我忘了埋在

---

① 普雷沃："我"的同事和战友，失事飞机上的机械师。

沙子里的躯体。我不再动弹，永远都不会再感到痛苦。何况，说实在的，人受的苦还真不算多……在所有这些苦痛过后，剩下的就是疲倦和错乱的协奏了。一切都变成画册，变成有点儿残忍的童话故事……刚才，风驱赶着我四下乱窜，为了躲避它，我像困兽一样团团转。之后我感到呼吸困难，好像是膝盖硌着我的胸膛。我在天使的重负下挣扎。在沙漠里我从来都不是孤身一人。既然我现在不相信周围的一切，我不如缩在自己的躯壳里，闭上眼睛，不再动一根睫毛。我感到，有一股图像的激流把我带到一个宁静的梦里：在大海深处，江河就平静了。

永别了，你们这些我曾经爱过的人。如果人体不能忍受三天不喝水，那可绝不是我的错。我过去没想到自己对水源竟是那么依赖，我没料到人的忍耐力竟是如此短促。我们以为自己可以笔直朝前方走去，以为人是自由的……我们没看见把我们拴在井上的绳索，它像脐带一样，把我们和大地肚子连在一起。谁多走了一步，谁就得死。

除了你们的痛苦，什么我都不在乎了。不管怎么说，上天待我不薄。如果我能回去，我还会卷土重来。我需要生活。在城市里，已经没有人的生活了。

我这里说的根本就不是飞机。飞机，它不是一个目的，而是一个工具。人们并不是为了飞机而去冒生命的危险，同样农人也不是为了犁铧才去耕种。通过飞机，人们可以离开城市和他们的会计师，可以重新找到农人的真谛。

我们干的是人的工作，我们遇到的也是人的烦恼。我们接触的是风、星星、黑夜、沙漠和海洋。我们和大自然的力量斗智斗勇。我们期待黎明就像农人期待春天，我们期待中途站[1]就像期待一片福地，我们在群星中寻找自己的真理。

我不抱怨。三天来，我走了很多路，口干舌燥，在沙漠里寻找行踪，把露水当作希望。我力图找到我的同类，我忘了他们住在地球上的什么地方，这才是活着的人的忧虑。我不能不认为它比在晚上找一家音乐厅要重要得多。

我再也不能理解那些乘坐郊区火车的芸芸众生，他们自以为是人，然而他们却因承受着某种他们感觉不到的压力而沦为像蚂蚁一样的虫豸[2]。

我在工作中是幸福的。我觉得自己是中途站的农人。在郊区火车上，我感到的垂死的感受和在此地的感受大不相同！在这里，不管怎么说，我都是死得其所！……

我没有一点儿遗憾。我奋斗过，但我失败了。这对从事我们这个行业的人来说也很平常。不过，我总算是呼吸过海风了。

领略过一次海风的滋味的人，永远都忘不了这种滋养。不是吗？我的同志们？这并不意味着要过冒险的生活。这种说法有点儿夸张。我一点儿也不喜欢斗牛士，我喜欢的不是危险。我知道自己喜欢什么，那就是生命。

---

① 中途站：飞机长途飞行，要有中途站补给油料，才能安全抵达终点。

② 虫豸（zhì）：虫子。泛指虫类小动物。这里比喻碌碌无为的人。

我觉得天就要亮了。我从沙子里伸出一只胳膊。我手边有一块布片，我摸了摸，它是干的。再等一等。露水要到清晨才有。当天大亮了，而我们的衣服却一点儿也没有潮湿。于是我的思绪有点儿乱，我听见自己说：“这里有一颗干枯的心……一颗干枯的心……一颗干枯得挤不出一滴眼泪的心……”

“上路吧，普雷沃！我们的喉咙还没有噎住：我们应该继续走下去。”

（黄荭/译）

### 《论语》成语集萃（和谐篇一）

**礼之用，和为贵**

【释义】礼的作用，在于使人的关系变得更加和谐。

【出处】有子曰：“礼之用，和为贵。先王之道，斯为美。小大由之，有所不行。知和而和，不以礼节之，亦不可行也。”

——《论语·学而》

**犬马之养**

【释义】犬马的饲养。用来比喻奉养父母只是供给生活之需而没有孝敬之心。

【出处】子曰：“今之孝者，是谓能养。至于犬马，皆能有养。不敬，何以别乎？”

——《论语·为政》

# 4. 迷途笛音

⊙〔美国〕阿尔佛雷德·贝特

那年我6岁。离我家仅一箭之遥的小山坡旁，有一个早被废弃的采石场，双亲从来不准我去那儿，其实那儿风景十分迷人。

一个夏季的下午，我随着一群小伙伴偷偷上那儿去了。就在我们穿越了一条孤寂的小路后，他们却把我一个人留在原地，然后奔向“更危险的地带”了。

等他们走后，我惊慌失措地发现，再也找不到要回家的那条孤寂的小道了。像只无头的苍蝇，我到处乱钻，衣裤上挂满了芒刺。太阳已经落山，而此时此刻，家里一定开始吃晚餐了，双亲正盼着我回家……想着想着，我不由得背靠着一棵树，伤心地呜呜大哭起来……突然，不远处传来了声声柳笛。我像找到了救星，急忙循声走去。一条小道边的树桩上坐着一位吹笛人，手里还正削着什么。走近细看，他不就是被大家称为“乡巴佬”的卡廷吗？

“你好，小家伙，”卡廷说，“看天气多美，你是出来散步的吧？”

我怯生生地点点头，答道：“我要回家了。”

“请耐心等上几分钟，”卡廷说，“瞧，我正在削一支柳笛，差不多就要做好了，完工后就送给你吧！”

卡廷边削边不时地把尚未成形的柳笛放在嘴里试吹一下。没过多久，一支柳笛便递到我手中。我俩在一阵阵清脆悦耳的笛音中，踏上了归途……

当时，我心中只充满感激，而今天，当我自己也成了祖父时，却突然领悟到他用心之良苦！那天当他听到我的哭声时，便判定我一定迷了路，但他并不想在孩子面前扮演“救星”的角色，于是吹响柳笛以便让我能发现他，并跟着他走出困境！就这样，卡廷先生以乡下人的淳朴，保护了一个小男孩强烈的自尊。

（唐若水/译）

# 5. 唯一的听众

⊙岳永利

用父亲和妹妹的话来说，我在音乐方面简直是一个白痴。这是他们在经受了我数次“折磨”之后下的结论。在他们听来，我拉小夜曲就像在锯床腿。这些话使我感到十分沮丧，我不敢在家里练琴了。我发现了一个练琴的好地方，楼区后面的小山上有一片树林，地上铺满了落叶。

一天早晨，我蹑手蹑脚地走出家门，心里充满了神圣感，仿佛要去干一件非常伟大的事情。林子里静极了。沙沙的足音，听起来像一曲悠悠的小令。我在一棵树下站好，庄重地架起小提琴，像举行一个隆重的仪式，拉响了第一支曲子。但我很快又沮丧起来，我觉得自己似乎又把锯子带到了树林里。

我感觉到背后有人，转过身时，吓了一跳：一位极瘦极瘦的老妇人静静地坐在木椅上，双眼平静地望着我。我的脸顿时烧起来，心想，这么难听的声音一定破坏了这林中的和谐，一定破坏了这位老人正独享的幽静。

我抱歉地冲老人笑了笑，准备溜走。老人叫住了我，说：“是我打扰了你吗，小伙子？不过，我每天早晨都在这儿坐一会儿。”一束阳光透过叶缝照在她的满头银丝上，“我想你一定拉得非常好，可惜我的耳朵聋了。如果不介意我在场的话，请继续吧。”

我指了指琴，摇了摇头，意思是说我拉不好。

“也许我会用心去感受这音乐。我能做你的听众吗？每天早晨。”

我被老人诗一般的语言打动了。我羞愧起来，同时有了几分兴奋。嘿，毕竟有人夸我了，尽管她是一个可怜的聋人。我拉了起来。

以后，每天清晨，我都到小树林里去练琴，面对我唯一的听众，一位耳聋的老人。她一直很平静地望着我。我停下来时，她总不忘说一句：“真不错。我的心已经感受到了。谢谢你，小伙子。”

我心里洋溢着一种从未有过的感觉。

很快我就发觉自己变了。我又开始在家里练琴了。从我紧闭门窗的房间里，常常传出基本练习曲的乐声。我站得很直，两臂累得又酸又痛，汗水湿透了衬衣。以前我是坐在木椅上练琴的。同时每天清晨，我都要面对一位耳聋的老人尽心尽力地演奏；而我唯一的听众总是早早地坐在木椅上等我。有一次，她竟说我的琴声给她带来快乐和幸福。我也常常忘记了她是个聋人，只看见老人微笑着靠在木椅上，手指悄悄打着节奏。她慈祥的眼神平静地望着我，像深深的潭水……

我一直珍藏着这个秘密，直到有一天，我拉的一曲《月光》奏鸣曲让专修音乐的妹妹大吃一惊。妹妹追问我得到了哪位名师的指点。我告诉她："是一位老太太，就住在12号楼，非常瘦，满头白发，不过——她是一个聋人。"

"聋人？"妹妹惊叫起来，"聋人！多么荒唐！她是音乐学院最有声望的教授，曾是乐团的首席小提琴手！你竟说她是聋人！"

…………

后来，拉小提琴成了我无法割舍的爱好，我能熟练地拉出许多曲子。在各种文艺晚会上，我有机会面对成百上千的观众演奏小提琴曲。那时，我总是不由得想起那位"耳聋"的老人，那清晨里我唯一的听众……

# 6. 时光背后的蜗牛

⊙张正旭

我是父亲托关系才走进初中校园里读书的。由于我天资愚笨，各科基本功缺失，一学期没有读完，班主任将我逐出校园，那年我19岁。

我的自尊心受到极大冲击，别人叫我“傻子”，我能默默忍受，但不能面对被众人遗弃的感觉。

父母也很忧心我这个呆头呆脑的孩子。母亲总是在人前说我开窍迟，是一朵没有绽放的花。我知道，有不少人在暗处嘲笑母亲的谎言。

父亲一次次热情地宴请我的一位远房表哥到我家中做客。他在建筑工地上做技术活。盛情难却，表哥才勉强答应父母把我带出去闯荡闯荡。我和表哥登上开往大城市的客车，驶进打工漂泊的岁月里。

我在工地上做小工。那高高的四面围拢的院墙，一栋楼房就是我每天攀爬的高度。工友们嘲弄着无辜的我，我像一只荡来荡去的秋千，夜里吮吸那种墨黑的羞辱。

我千里迢迢从故乡而来，陌生的城市犹如一口让人毛骨悚然的井，让我跳下去。就在那种惨淡的时光里，我爱上了读书、读报。其实，我那时候并不能读懂书本与报刊里的内容，而是为了欲盖弥彰的虚荣心。由此再次成为工友讪笑的素材："连他都能看书读报，真是天大的笑话！"

工友戏谑的话语竟然成了我突破窘境的契机：我一定要能读懂文章，一定要写出属于我生命的文字！于是，我偷偷买来字典和词典，一有空，就钻进书报天地里。

蛹能脱困于茧，自有一番天地供它翩跹。机会终于垂青了我。工地不远处有一家大型公司的藏书馆招收一名看门人，每月工资仅600元。对我而言，那家图书馆对我的诱惑太大，那些图书是我如饥似渴涉猎的营养佳品。

于是我做出大胆决定，义无反顾地到那家图书馆去打工。我提着简单的行李坚定地离开了工地。我一直被别人定义为懦夫和蠢材，拒绝扮演却要付出沉重的代价。

我进入图书馆后，每天上班时间就是收发报纸、杂志，整理图书，登记读者来借书与还书的事宜，很轻松，时间也很宽裕。图书馆里有大量的文学藏书，我贪婪地吮吸着精神甘泉。

微薄的工资根本供应不起在城市里的生活开销，我就对自己狠狠心，节衣缩食。我离开工地的时候，表哥扬言："你去得快，滚回来也快，那几个钱根本供应不了你的生活开支。"表哥的扬言被我咬紧的牙关粉碎了。

我在图书馆打工一年多的时间里，写了70多本日记。

由于患脑炎后遗症，看书或写字久了，头疼像小鸡啄米般难受，耳朵里像盘旋的轰炸机般鸣响，手脚控制不住地颤抖。这些日记上的每个字都是我用心血浇灌的常青树，都是我经受一次次痛苦洗礼后盛开的花。

我持之以恒地写作，锲而不舍的精神感动了上苍，我的一篇文章终于变成了铅字。

寒来暑往，花开花落，我像不知道疲倦的蜗牛爬行着，坚持着。我写的文字虽然没有一夜走红，但连续不断在报刊上露面。

正如美国盲人作家包希尔·戴尔所说："在我的内心深处，一直存在一种害怕面对黑暗的恐惧，为了克服它，我就用愉快的心情去过我的生活。"有心的人，会在平淡琐碎的时光里根植梦想，抓紧时光充实自己，像攀爬金字塔顶端的蜗牛一样，有一种锲而不舍的精神，有一种越挫越战、永不言败的精神来创造机会。

# 7. 一件小事

⊙铁　凝

15岁那年，我很迷恋打针，找到母亲一位在医院工作的朋友做老师，向她学会了注射术。

自从我学会了打针，便开始期盼眼前有病人，不论是家人或外人。我备齐针具，严格按照程序一次次操作着。一天，有位邻居来找我，说她每天都要去医院注射维生素$B_{12}$，我若能为她注射，便可免去她每天跑医院的麻烦。

我愉快地接受了她的请求。

这位邻居本是天津知青，因病没有下乡，大约在天津又找不到工作，才到我们的城市投奔她的姨母，并在一家小厂谋到了事做，她好像是那种心眼儿不坏，但生性高傲的姑娘，学过芭蕾，很惹男性注意。这样的邻居求我，弄得我心花怒放。

每日的下午，我放学归来，便在我家像迎接公主一样迎接我的病人。一连数日，事情进行得都很顺利，我的手艺也明显地娴熟起来。熟能生巧，巧也能使人忘乎所以乃至贻误眼前的事业。

这天我的病人又来了，我开始做着注射前的准备：把针管、针头用纱布包好放进针锅（一个小饭盒），再把针锅放在煤气灶上煮。煮着针，我就和病人聊起天来，聊着小城的新闻，聊着学生的前途。不知过了多久，我才突然想起煤气灶上的事。

有句很诙谐的俗语形容人在受了惊吓时的状态，叫作“吓出了一脑袋头发”，这形容正好用于我当时的状态。我已意识到我受了很大的惊吓，那针无疑是大大超过了要煮的时间。我飞奔到灶前关掉煤气，打开针锅观看，见里面的水已烧干，裹着针管的纱布已微煳，幸亏针管、针头还算完好。

我不想叫我的病人发现我被吓出的“一脑袋头发”和这煮干了的针锅，装作没事人似的，又开始了我的工作。我把药抽进针管，用碘酒和酒精为病人的皮肤消过毒，便迅速向眼前那块雪亮的皮肤猛刺。谁知这针头却不帮我的忙了，它忽然变得绵软无比。我一次次往下扎，针头一次次变作弯钩。针进不去，我那邻居的皮肤上，却是血迹斑斑。我心跳着弄不清眼前到底发生了什么事，但注射的失败是注定的了。这实在是一个大祸临头的时刻，唯有向病人公开宣布我的失败，我才能尽快从失败里得以解脱。我宣布了我的失败，半掖半藏地收起我那难堪的针头，眼泪已噼里啪啦地掉下来。

我的邻居显然已知道背后发生了什么事，穿好衣服站在我眼前说：“这不是技术问题，是针头退了火，隔一天吧，这药隔一天没关系。”

邻居走了，我哭得更加凶猛，耳边只剩下“隔一天吧，隔一天吧……”难道真的只隔一天吗？我断定今生今世她是再也不会来打针了。

但是第二天下午，她却准时来到我家，手里还举着两支崭新的针头，她像什么事情也没有发生过一样，微笑着对我说：“你看看这种号对不对？六号半。”

这次我当然成功了。一个新的六号半，这才是我成功的真正基础。

许多年过去了，每当我因为一件小事的成功而飘飘然时，每当我面对旁人无意中闯下的“小祸”而愤愤然时，眼前总是闪现出那位邻居的微笑和她手里举着的两支六号半针头。

许多年过去了，我深信她从未向旁人宣布和张扬过我那次的过失。一定是因了她的不张扬，才使我真正学会了注射术，和认真去做一切事。

# 谆谆教诲

在我们成长的过程中，每个人都会有难忘的记忆：温婉和蔼的叮嘱，殷切坚定的期望，情真意切的劝勉……总有一些话语蕴含着长辈们深刻的人生体验和朴实的谆谆教导：或修身齐家，或兼济天下，或进德修业，或成己达人……这些劝勉是剖白，是期望，是信仰，是传承。

学习本单元文章，要借助注释和工具书，整体感知文章内容；反复诵读，培养文言语感，积累文言词语和文言知识，理清文章层次；用心感受古代家训、家书传承的厚重力量对于我们成长的重要意义。

# 1. 诫外甥书

⊙〔三国〕诸葛亮

夫志当存高远，慕先贤，绝情欲，弃凝滞[1]，使庶几之志[2]，揭然[3]有所存，恻然[4]有所感。忍屈伸，去细碎，广咨问[5]，除嫌吝[6]，虽有淹留[7]，何损于美趣[8]？何患于不济[9]？若志不强毅，意不慷慨，徒碌碌滞于俗，默默束于情，永窜伏[10]于凡庸，不免于下流矣！

---

① 凝滞：拘泥，不灵活。

② 庶几之志：接近圣贤的志向。

③ 揭然：明显的样子。

④ 恻然：有所感触的样子。

⑤ 广咨问：广泛咨询，不耻下问。

⑥ 嫌吝：嫌隙，吝啬。

⑦ 淹留：滞留，停留。指受挫折，有才德而不能见于世。

⑧ 美趣：高洁的操守、情趣。

⑨ 济：成功，实现。

⑩ 窜伏：逃避、藏匿。

## 译 文

一个人应该树立远大的理想，追慕先贤，节制欲望，撇开牵制、障碍，使几乎接近圣贤的那种高尚志向，在你身上明白地体现出来，使你内心震动，心领神会。要能够经受住顺利、挫折等不同境遇的考验，摆脱掉琐碎的杂念，广泛地向人请教，消除猜疑和吝啬，做到这些以后，虽然也有可能在事业上暂时停步不前，何愁会损毁自己高洁的操守？又何愁理想不会实现呢？如果自己的意志不够坚定，思想境界不够开阔，碌碌无为地陷身于世俗中，无声无息地被欲念困扰，永远混杂在平凡的人群中，就难免会成为没有教养、没有出息的人了！

**学习提示**

相比《诫子书》，这篇《诫外甥书》不太为人所知。《诫子书》重在劝勉儿子修身养德，《诫外甥书》旨在强调志存高远的意义，两篇相得益彰，殷殷教诲中，蕴含着长者的期望。《诫外甥书》虽不足百字，却把道理讲得透彻深刻，清楚地表明了志向对于一个人成才的价值和意义，文中的严密论述，也令人深感佩服。

“志存高远”这一词语就出自此文，并流传至今，成为很多有志人士的座右铭。

# 2. 训[①]俭示康（节选）

⊙〔宋〕司马光

吾本寒家，世以清白相承。平生衣取蔽寒，食取充腹，亦不敢服垢弊[②]以矫俗干名[③]，但顺吾性而已。众人皆以奢靡为荣，吾心独以俭素为美。

御孙曰："俭，德之共也；侈，恶之大也。"夫俭则寡欲，君子寡欲则不役于物[④]，可以直道而行[⑤]；小人寡欲则能谨身节用[⑥]，远罪丰家[⑦]。故曰："俭，德之共也。"侈则多欲，

---

① 训：教诲，教育。

② 垢弊：肮脏破烂的衣服。

③ 矫俗干名：故意用不同流俗的姿态来猎取名誉。

④ 不役于物：不受外物的役使。

⑤ 直道而行：行正直之道，指任何事情都敢于诚实不欺地去做。

⑥ 谨身节用：约束自己，节约用度。

⑦ 远罪丰家：避免犯罪，丰裕家室。远、丰，形容词的使动用法，使……远离，使……丰足。

君子多欲则贪慕富贵，枉道[1]速祸[2]；小人多欲则多求妄用，败家丧身；是以居官必贿，居乡必盗。故曰："侈，恶之大也。"

## 译文

我本来出自贫寒的家庭，世世代代都继承清廉的家风。我平常穿衣服御寒，食物只求能充饥，但也不敢故意穿脏破的衣服违背世俗常情以求得名誉，只是顺从我的本性做事罢了。一般的人都以奢侈浪费为荣，我心里唯独以节俭朴素为美。

御孙说："节俭，是各种优良品德的共有特点；奢侈，是各种罪恶中的大罪。"节俭就减少贪欲，君子如果减少贪欲就不被外物所役使，能以正直之道行事；普通人如果减少贪欲就能约束自己、节约费用，可以避免犯罪，使家室富裕。所以说："节俭，是各种优良品德的共有特点。"如果奢侈就会有很多贪欲，君子如果多贪欲就会贪图富贵，不循正道而行，招致祸患；普通人多贪欲就会多方营求，随意挥霍，败坏家庭，丧失生命；因此，做官的人如果奢侈，必然贪污受贿；平民百姓如果奢侈，必然盗窃别人的钱财。所以说："奢侈，是各种罪恶中的大罪。"

① 枉道：不按正道行事。

② 速祸：招致祸患。速，招致。

《训俭示康》是北宋史学家司马光教导其子司马康崇尚节俭的一篇家训。文章紧紧围绕“成由俭，败由奢”这个古训，结合自己的生活经历和切身体验，对儿子进行谆谆告诫。在奢靡之风盛行的年代，位高权重的司马光能大力提倡节俭，反对奢侈腐化，更能以此教子，实在难能可贵。

有人认为在物质生活富裕的今天，司马光的这种见解和主张已经过时了。你的观点是什么呢？请结合选文谈一谈。

# 1. 慕贤（节选）

⊙〔北齐〕颜之推

古人云："千载一圣，犹旦暮也；五百年一贤，犹比髆[①]也。"言圣贤之难得，疏阔[②]如此。

傥[③]遭不世明达君子，安可不攀附景仰之乎？吾生于乱世，长于戎马，流离播越[④]，闻见已多，所值名贤，未尝不心醉魂迷向慕之也。人在年少，神情未定，所与款狎[⑤]，熏渍陶染，言笑举动，无心于学，潜移暗化，自然似之；何况操履[⑥]艺能[⑦]，较明易习者也？是以与善人居，如入芝兰[⑧]之室，久而自芳也；与恶

---

① 髆（bó）：肩胛。

② 疏阔：时间相隔久远。

③ 傥：通"倘"，假如。

④ 播越：离散，流亡。

⑤ 款狎（xiá）：亲近，亲密。

⑥ 操履：操行品德。

⑦ 艺能：本领，技能。

⑧ 芝兰：香草。

人居，如入鲍鱼之肆，久而自臭也。墨子悲于染丝，是之谓矣。君子必慎交游焉。孔子曰：“无友不如己者。”颜、闵[1]之徒，何可世得！但优于我，便足贵之。

## 译 文

古人说：“如果一千年出现一个圣人，那就已经像从早晨到晚上这么快了；如果五百年间出现一个贤才，那就已经是接连而出了。”这就是说，圣人、贤才非常难得，相隔久远到这样的地步。

所以说，如果遇到了世间罕有的君子，又怎么能够不景仰，不与其结交一番呢？我在乱世中出生，在战争中长大，四处流浪，见闻已经很广泛了。但如果遇到有名的贤才，仍然心醉神迷，崇拜之至。当一个人处于少年时期时，见解、心性都还未曾定型，与贤士关系密切，受他的熏陶、濡染，一言一笑、一举一动，即使没有特意用心去学，但是在潜移默化中，自然就会与贤士有相似之处。生活习惯尚且如此，更何况操守德行和本领技能这些更容易学到的东西呢？所以说，跟善人相处，就像是住在放有芝草兰花的房间之中，时间长了，我们的身上也就有了芬芳的气味；跟恶人相处，就像是走进了存放鲍鱼的店铺，时间长了，我们的身上也开始发臭。墨子因看见人们染丝而感叹，也是出于这个道理。因此，君子一定要慎重选择自己的朋友。孔子说：“不去结交比不上自己的人。”像颜回、闵损那样出色的贤能之士，不知道要过多久才能遇到一个！所以，只要是对方比我优秀，那么就已经是难能可贵的朋友了。

---

①颜、闵：颜回、闵损，皆为孔子的弟子，有贤德之人。

# 2. 朱熹家训（节选）

⊙〔宋〕朱熹

事师长贵乎礼也，交朋友贵乎信也。见老者，敬之；见幼者，爱之。有德者，年虽下于我，我必尊之；不肖[1]者，年虽高于我，我必远之。慎勿谈人之短，切莫矜己[2]之长。仇者以义解之，怨者以直报之[3]，随所遇而安之。人有小过，含容而忍之；人有大过，以理而谕[4]之。勿以善小而不为，勿以恶小而为之。人有恶，则掩[5]之；人有善，则扬之。处世无私仇，治家无私法。勿损人而利己，勿妒贤而嫉能。勿称忿而报横逆[6]，勿非礼而害物命。见不义之财勿取，遇合理之事则从。诗书不可不读，礼义不可不知。子孙不可不教，童仆不可不恤。斯文不可不敬，

① 不肖：即不贤，这里指品行不好。

② 矜己：指夸耀自己。

③ 以直报之：以平常心对待。

④ 谕（yù）：告诉。

⑤ 掩：掩饰、掩盖，不张扬。

⑥ 横逆：横暴无理的行为。

患难不可不扶。守我之分者，礼也；听我之命者，天也。人能如是，天必相之。此乃日用常行之道，若衣服之于身体，饮食之于口腹，不可一日无也，可不慎哉！

## 译文

与师长相处，最重要的是合乎礼，与朋友相交，最重要的则是讲信用。遇见老者，当有尊敬之心；看见幼者，当有慈爱之心。对德行高洁的人，即使他比我年幼，我也应当尊敬他；对品行不好的人，即使他比我年长，我也要与他保持距离。要谨慎，不可议论别人的短处，要切记，不可矜夸自己的长处。对仇恨自己的人，要用道义去化解仇恨，对埋怨自己的人，要用坦诚正直的态度来对待他，随便遇到什么样的环境，都应当心平气和地接受。如果别人做了小的错事，应该宽容原谅他；如果别人做了大的错事，则将正确合理的做法明白地告诉他。不要以为善事很小而不去做，更不可以认为坏事很小而大胆地去做。看到别人的缺陷，不要张扬；看到别人的好处，要为他传播。行为处世，不可因私事结仇怨；修身齐家，不可因私心立家法。不可以损害他人以有利于自己，不可以嫉妒德才比自己强的人。不要因为愤怒就以报复的方式对待所遭受的不公平待遇，不要因为不合天理的行为而伤害万物生灵。有机会获得不义之财的时候，不要取这不义之财，有机会去做合义之事的时候，就要去做这合义之事。古人传下来的经典著作，不可以不去读，为人处世的礼节文明，不可以不知道。对于儿女子孙，不可以不好好教育，对于婢女仆役，不可以不善待怜恤。对有知识素养的人要敬重，对有困难的人要帮助。坚守遵行自我的本分，这是礼的要求；而对自己肩负使命的完成情况，则交给上天做最后的考查判断。人如果能这样去做，上天也一定会帮助他的。这就是日常生活中所应当遵行的道理，就好像身体需要衣服，口腹离不开饮食一样，这些道理与原则也都是每天的生活所必不可少的，不可以不认真谨慎地对待啊！

# 3. 示弟立志说（节选）

⊙〔明〕王阳明

夫学，莫先于立志。志之不立，犹不种其根而徒事培壅[①]灌溉，劳苦无成矣。世之所以因循苟且、随俗习非，而卒归于污下者，凡以志之弗立也。故程子[②]曰：“有求为圣人之志，然后可与共学。”

夫立志亦不易矣。孔子，圣人也，犹曰：“吾十有五而志与学，三十而立。”立者，志立也。虽至于“不逾矩[③]”，亦志之不逾矩也。志岂可易而视哉！夫志，气之帅也，人之命也，木之根也，水之源也。源不浚[④]则流息，根不植则木枯，命不续则人死，志不立则气昏。

是以君子之学，无时无处而不以立志为事。正目而视之，无

---

① 培壅：在植物根基部培土，以促进生长。

② 程子：程颐，与兄程颢同为北宋理学家，人称“二程”。

③ 不逾矩：不违反法度。

④ 浚：疏通。

他见也；倾耳而听之，无他闻也。如猫捕鼠，如鸡覆卵，精神心思，凝聚融结，而不复知有其他，然后此志常立，神气精明，义理昭著①。

## 译 文

求学，没有不先立志的。志向不树立，就像种树不种根而只是培土挖坑灌溉，勤劳辛苦一场，却没有成果。世上的人之所以因循苟且、随顺世俗、习惯于谬误，最后变成道德低下的人，都是因为没有立志。因此，程子说："一个人有成为圣人之志的渴求，这样的人才值得和他共同学习。"

立志也是不容易啊！孔子是圣人，他尚且说："我十五岁开始发奋学习，到了三十岁才真正立志。"所谓"立"，就是立志。即使孔圣人到七十岁能随心所欲而"不违反法度"，也不过是始终坚持志向，而没有让它越出规矩。志向难道是可以轻易看待的吗？志向，是气的统帅，是人的生命，是木的根本，是水的源头。水源不疏通，流水就会停止；根本不栽培，树木就会枯萎；生命不延续，人就会死亡；志向不确立，气质就会混浊。

因此，一个人要学做君子，无时无处不以立志为第一要务。要正眼而视，眼中不见他事；倾耳而听，耳中不闻他声。就像猫捉老鼠，就像母鸡孵蛋，精神心思全部凝聚融结，根本不知有其他事，这样，志向才能久远而立，神气才能越来越精明，义理才能越来越彰显。

① 昭著：明显。

# 4.《朱柏庐治家格言》六则

⊙〔明末清初〕朱用纯

（一）宜未雨而绸缪，毋临渴而掘井。

（二）自奉必须俭约，宴客切勿流连。

（三）器具质而洁，瓦缶[①]胜金玉；饮食约而精，园蔬愈珍馐[②]。

（四）勿营华屋，勿谋良田。

（五）见富贵而生谄容者，最可耻；遇贫穷而作骄态者，贱莫甚。

（六）读书志在圣贤，非徒科第；为官心存君国，岂计身家？

---

① 瓦缶（fǒu）：瓦制的器具。

② 珍馐（xiū）：珍奇精美的食品。

## 译 文

（一）应该在还没下雨的时候，就修补好门窗；不要到了口渴的时候，才来掘井。

（二）自己生活上必须俭朴节约，宴请客人时也不要铺张浪费，流连忘返。

（三）餐具质朴而干净，虽是用泥土做的瓦器，也比金玉制的好；食品节约而精美，虽是园里种的蔬菜，也胜于山珍海味。

（四）不要营造华丽的房屋，不要设法寻取好的田地。

（五）看到富贵的人，便做出巴结讨好的样子，是最可耻的；遇到贫穷的人，便做出骄傲的态度，是最鄙贱不过的。

（六）读圣贤书，目的在学圣贤的高尚行为，不只为了科举考试拿到好的成绩；做一个官吏，要有忠君爱国的思想，怎么可以考虑自己和家人的享受？

# 5. 复儿子书（节选）

⊙〔清〕张之洞

儿自去国至今，为时不过四月，何携去千金业[①]皆散尽？是甚可怪！汝此去，为求学也。求学宜先刻苦，又不必交友酬应。千金之资[②]，亦足用一年而有余，何四月未满，即已告罄[③]？况汝如此浪费，必非饮食之豪，起居之阔，必另有所销耗。吾儿恃[④]有汝父庇荫[⑤]，固不需此，然亦当稍知稼穑[⑥]之艰难，尽其求学之本分。非然者，即学成归国，亦必无一事能为，民情不知，世事不晓。今汝若此，余今而后恐无望于汝矣！用钱事小，而因之怠弃学业，损耗精力，虚度光阴，则固甚大也。余前曾致函戒汝，

---

① 业：已经。

② 资：钱财，费用。

③ 告罄（qìng）：财物用尽。

④ 恃：倚仗，依赖。

⑤ 庇荫：庇护，保护。

⑥ 稼穑：泛指农业劳动。

须努力用功，言犹在耳，何竟忘之？光阴可贵，求学不易，此中甘苦，应自知之，毋负老人训也。

## 译文

你从离开国家到现在，不过四个月的时间，为什么带去的那么多钱都花完了？这确实让人感到奇怪！你这次去，目的是求学。求学应当以刻苦为先，不必去在乎交友应酬的事。你带去的费用，也是足够用一年多的，为什么四个月不到就花完了呢？何况这样的浪费，必定不是花在饮食起居上，一定是另有其他的事耗费的。你倚仗有父亲我的保护，本来不需要太过节俭，但是你应当知道劳动的艰辛，尽你求学的本分。如果不这样，即使学成回国，也一定是一事无成，不知国家民情，不晓民间事务。你现在这样，我今后恐怕就不能对你有什么期望了！花钱是小事，但因为花钱而荒废学业、耗费精力、虚度光阴，就是大事了。我之前曾写信告诫你，一定要努力学习，话还犹在耳边，你竟然忘记了？光阴宝贵，求学不易，这中间的甘苦，你应该自己去体会，不要辜负老人的一番教导。

# 6. 与诸弟书（节选）

⊙〔清〕曾国藩

诸位贤弟足下：

诸弟在家读书，不审[1]每日如何用功？余自十月初一立志自新以来，虽懒惰如故，而每日楷书写日记，每日读史十页，每日记“茶余偶谈”一则，此三事未尝一日间断。十月二十一日立誓永戒吃水烟，洎[2]今已两月不吃烟，已习惯成自然矣。予自立课程甚多，惟记“茶余偶谈”、读史十页、写日记楷本，此三事者誓终身不间断也。诸弟每人自立课程，必须有日日不断之功，虽行船走路，俱须带在身边。予除此三事外，他课程不必能有成，而此三事者，将终身行之。

① 审：清楚，明白。

② 洎（jì）：至，到。

盖士人读书，第一要有志，第二要有识，第三要有恒。有志则断不甘为下流；有识则知学问无尽，不敢以一得自足，如河伯之观海①，如井蛙之窥天，皆无识者也；有恒则断无不成之事。此三者缺一不可。诸弟此时，惟有识不可以骤几②，至于有志有恒，则诸弟勉之而已。

予身体甚弱，不能苦思，苦思则头晕，不耐久坐，久坐则倦乏。时时属望③惟诸弟而已。兄国藩手草。

道光二十二年十二月二十日。

## 译文

诸位贤弟：

你们在家读书习字，不知每天用功程度如何？自十月一日以来，我立志改过自新，完善自己，虽不时有懒惰之意，但每天用楷书写日记，每天读十页史书，记“茶余偶谈”一则，这三件事倒是一直坚持，从未有丝毫的间断。自从十月二十一日发誓永远戒掉水烟算起，至今已两个多月，一直远离水烟，渐渐地就成了自然之事。我这一生所立的志向很多，只有记“茶余偶谈”、读史书十页、用楷书写日记这三件事，发誓终身坚持，绝不让

① 河伯之观海：据《庄子·秋水》载：“河伯欣然自喜，以天下之美为尽在己。顺流而东行，至于北海，东面而视，不见水端。于是焉，河伯始旋其面目，望洋向若（北海神）而叹……”寓意是要懂得人外有人，不要盲目自大。

② 骤几：很快成功。

③ 属（zhǔ）望：期望，期待。

它有一天的间断。弟弟们也应该自定几件事情并坚持不懈地去做，每天不间断地努力，即使行船走路，也时刻随身携带。除上述我所说的那三件事之外，其他事情即使长久坚持也未必能取得多大的成就，但若此三事能够坚持下去，定将终身受益匪浅。

士人读书做学问，第一要有志向，第二要有见识，第三要有恒心。有了远大的志向，则必然不会甘心屈居人下；有了超然的见识，则明白学海无边的道理，就不敢因某一方面的成功而自足自满，如河伯观海、井蛙窥天，都是目光短浅之人的做法；有持久的恒心，则绝对没有克服不了的困难。这三者缺一不可。诸位弟弟现在想有见识的目标不是一下能达到的，至于有志向、有恒心，就是你们自己努力的事了。

我最近身体愈加虚弱，无力思考，苦思就会头晕目眩，忍耐不了长时间的定坐，长时间坐着就会疲倦困乏。时刻所期望的，只有你们几位弟弟罢了。哥哥国藩手书。

道光二十二年十二月二十日。

# 单元学习任务

## 任务一

本单元的家训、家书中有许多传达人生体验的警句，我们可以发现，古人的感悟常常是相通的，在中国古代浩如烟海的典籍中，我们总会找到相似的表达。请组内合作，根据下面提示，在本单元的文章中找一找，看看有哪些名言警句可归为一类。

**谈志向**

夫志当存高远。——《诫外甥书》

夫学，莫先于立志。——《示弟立志说（节选）》

**谈交友**

与善人居，如入芝兰之室，久而自芳也；与恶人居，如入鲍鱼之肆，久而自臭也。

——《慕贤（节选）》

有德者，年虽下于我，我必尊之；不肖者，年虽高于我，我必远之。

——《朱熹家训（节选）》

**谈志向**

**谈交友**

## 任务二

阅读古文，有必要了解一些古代的文化常识。家书、家训往往涉及日常生活、科考名物、天文历法等知识。请同学们从本单元的文章中梳理一些文化常识，借助工具书或者查阅相关资料解释其含义。

提示：例如，“道光二十二年”是古人用年号来纪年的方法；“足下”是对人的敬称；“东市”指东边的市场，由于汉代在长安东市处决犯人，也指刑场。

| 文章标题 | 文化常识 | 解析 |
| --- | --- | --- |
| 诫外甥书 | | |
| 训俭示康（节选） | | |
| 慕贤（节选） | | |
| 朱熹家训（节选） | | |
| 示弟立志说（节选） | | |
| 《朱柏庐治家格言》六则 | | |
| 复儿子书（节选） | | |
| 与诸弟书（节选） | | |

## 任务三

优秀的家书、家训在中国古代并不罕见。本单元的文章多是节选，可以找来原著读一读。感兴趣的同学也可以利用图书馆或网络查询其他家书、家训，拓展自己的阅读范围，如周公的《诫伯禽书》、司马光的《温公家范》、林则徐的“十无益”家训名言等。做好读书笔记，有感触的地方可做简单的批注。

# 思路要清晰

好文章都是建立在思路清晰、言之有序的基础上的，能根据表达的需要，围绕中心，选择恰当的表达方式，合理安排内容的先后顺序与详略，让读者明白文章先说了什么，后说了什么，主要说什么。本单元的文章，虽然文体不同，但都结构完整、层次分明，清晰地表达了作者的思想情感。

学习本单元，要理清文章的行文思路，分析文章的结构，明确文章表达的主题和作者的情感，并学会将观察到的生活现象和形成的思考以清晰的思路、恰当的语言表达出来。

## 片段集锦

【范例1】

不求甚解这句话最早是陶渊明说的。他在《五柳先生传》这篇短文中写道："好读书，不求甚解；每有会意，便欣然忘食。"人们往往只抓住他说的前一句话，而丢了他说的后一句话，因此，就对陶渊明的读书态度很不满意，这是何苦来呢？他说的前后两句话紧紧相连，交互阐明，意思非常清楚。这是古人读书的正确态度，我们应该虚心学习，完全不应该对他滥加粗暴的不讲道理的非议。

（马南邨《不求甚解》）

【范例2】

可是，我真爱北平。这个爱几乎是要说而说不出的。我爱我的母亲。怎样爱？我说不出。在我想做一件事讨她老人家喜欢的时候，我独自微微地笑着；在我想到她的健康而不放心的时候，我欲落泪。言语是不够表现我的心情的，只有独自微笑或落泪才足以把内心揭露在外面一些来。我之爱北平也近乎这个。

（老舍《想北平》）

【范例3】

其实，我的画究竟是不是"漫画"，还是一个问题。因为这二字在中国向来没有。日本人始用汉文"漫画"二字。日本人所谓"漫画"，定义如何，也没有确说。但据我知道，日本的"漫画”，乃兼称中国的急就画、即兴画，及西洋的卡通画的。但中国的急就、即兴之作，比西洋的卡通趣味大异。前者富有笔情墨趣，后者注重讽刺滑稽。前者只有寥寥数笔，后者常有用钢笔细描的。所以在东洋，“漫画”二字的定义很难下。但这也无用考据。总之，漫画二字，望文生义：漫，随意也。凡随意写出的画，都不妨称为漫画，因为我作漫画，感觉同写随笔一样。不过或用线条，或用文字，表现工具不同而已。

（丰子恺《我的漫画》）

**【范例4】**

我天天望着窗口常春藤的生长。看它怎样伸开柔软的卷须，攀住一根缘引它的绳索，或一茎枯枝；看它怎样舒开折叠着的嫩叶，渐渐变青，渐渐变老，我细细观赏它纤细的脉络，嫩芽，我以揠苗助长的心情，巴不得它长得快，长得茂绿。下雨的时候，我爱它淅沥的声音，婆娑的摆舞。

（陆蠡《囚绿记》）

**【范例5】**

我国的建筑，从古代的宫殿到近代的一般住房，绝大部分是对称的，左边怎么样，右边也怎么样。苏州园林可绝不讲究对称，好像故意避免似的。东边有了一个亭子或者一道回廊，西边决不会来一个同样的亭子或者一道同样的回廊。这是为什么？我想，用图画来比方，对称的建筑是图案画，不是美术画，而园林是美术画，美术画要求自然之趣，是不讲究对称的。

（叶圣陶《苏州园林》）

# 1. 忆儿时（节选）

⊙丰子恺

开门见山，领起下文。全文围绕养蚕来展开叙述，思路清晰。

我回忆儿时，有件不能忘却的事——养蚕。

那是我五六岁时，我祖母在日的事。我祖母是一个豪爽而善于享乐的人，良辰佳节不肯轻轻放过。养蚕也每年大规模地举行。其实，我长大后才晓得，祖母的养蚕并非专为图利，叶贵的年头常要蚀本，然而她喜欢这暮春的点缀，故每年大规模地举行。我所喜欢的，最初是蚕落地铺。那时我们的三开间的厅上、地上统是蚕，架着经纬的跳板，以便通行及饲叶。蒋五伯挑了担到地里去采叶，我与诸姐跟了去，去吃桑葚。蚕落地铺的时候，桑葚已很紫而甜了，比杨梅好吃得多。我们吃饱之后，又用一张大叶做一只碗，来了一碗桑葚，跟了蒋五伯回来。蒋五伯饲蚕，我就以走跳板为戏乐，常常失足翻落地铺里，压死

除了养蚕过程这一时间的变化，全文还有一条感情线索。随着回忆的展开，作者的情感也有变化。

许多蚕宝宝，祖母忙喊蒋五伯抱我起来，不许我再走。然而这满屋的跳板，像棋盘街一样，又很低，走起来一点也不怕，真是有趣。这真是一年一度的难得的乐事！所以虽然祖母禁止，我总是每天要去走。

作者细致地描写儿时走跳板取乐的情形，写出了养蚕之乐。文中还写了哪些乐事？想一想，作者为什么选择这些事来写？

蚕上山之后，全家静静守护，那时不许小孩子们吵了，我暂时感到沉闷。然而过了几天，采茧，做丝，热闹的空气又浓起来了。我们每年照例请牛桥头七娘娘来做丝。蒋五伯每天买枇杷和软糕来给采茧、做丝、烧火的人吃。大家认为现在是辛苦而有希望的时候，应该享受这点心，都不客气地取食。我也无功受禄地天天吃多量的枇杷与软糕，这又是乐事。

七娘娘做丝休息的时候，捧了水烟筒，伸出她左手上的短少半段的小指给我看，对我说：做丝的时候，丝车后面，是万万不可走近去的。她的小指，便是小时候不留心被丝车轴棒轧脱的。她又说："小囡囡不可走近丝车后面去，只管坐在我身旁，吃枇杷，吃软糕。还有做丝做出来的蚕蛹，叫妈妈油炒一炒，真好吃哩！"然而我始终不要吃蚕蛹，大概是我爸爸和诸姐都不要吃的缘故。

我所乐的，只是那时候家里的非常的空气。日常固定不动的堂窗、长台、八仙椅子，都收拾去，而变成不常见的丝车、匾、缸。又不断地公然地可以吃小食。

丝做好后，蒋五伯口中唱着“要吃枇杷，来年蚕罢”，收拾丝车，恢复一切陈设。我感到一种兴尽的寂寥。然而对于这种变换，倒也觉得新奇而有趣。

现在我回忆这儿时的事，常常使我神往！祖母、蒋五伯、七娘娘和诸姐都像童话里、戏剧里的人物了。且在我看来，他们当时这剧的主人公便是我。何等甜美的回忆！只是这剧的题材，现在我仔细想想觉得不好：养蚕做丝，在生计上原是幸福的，然其本身是数万的生灵的杀虐！《西青散记》里面有两句仙人的诗句：“自织藕丝衫子嫩，可怜辛苦赦春蚕。”安得人间也发明织藕丝的丝车，而尽赦天下的春蚕的性命！

作者回忆儿时养蚕乐事，为什么写到祖母、蒋五伯、七娘娘和诸姐这些人呢？

此处由叙事转为议论，过渡自然，引人思考。

我七岁上祖母死了，我家不复养蚕。不久父亲与诸姐弟相继死亡，家道衰落了，我的幸福的儿时也过去了。因此这回忆一面使我永远神往，一面又使我永远忏悔。

# 2. 谈骨气

⊙吴 晗

我们中国人是有骨气的。

战国时代的孟子，有几句很好的话："富贵不能淫，贫贱不能移，威武不能屈，此之谓大丈夫。"意思是说，高官厚禄收买不了，贫穷困苦折磨不了，强暴武力威胁不了，这就是所谓大丈夫。大丈夫的这种种行为，表现出了英雄气概，我们今天就叫作有骨气。

我国经过了奴隶社会、封建社会的漫长时期，每个时代都有很多这样有骨气的人，我们就是这些有骨气的人的子孙，我们是有着优良革命传统的民族。

当然，社会不同，阶级不同，骨气的具体含义也不同。这一点必须认识清楚。但是，就坚定不移地为当时的进步事业服务这一原则来说，我们祖先的许多有骨气的动人事迹，还有它积极的教育意义，是值得我们学习的。

南宋末年，都城临安被元军攻入，丞相文天祥组织武装力量坚决抵抗，失败被俘后，元朝劝他投降，他写了一首诗，其中有两句是："人生自古谁无死，留取丹心照汗青。"意思是人总是要死的，就看怎样死法，是屈辱而死呢，还是为民族利益而死？他选取了后者，要把这片忠心记录在历史上。文天祥被拘囚在北京一个阴湿的地牢里，受尽了折磨，元朝多次派人劝他，只要投降，便可以做大官，但他坚决拒绝，在公元1283年被杀害了。

孟子说的几句话，在文天祥身上都表现出来了。他写的有名的《正气歌》，歌颂了古代有骨气的人的英雄气概，并且以自己的生命来抗拒压迫，号召人民继续起来反抗。

另一个故事是古代有一个穷人，饿得快死了，有人丢给他一碗饭，说："嗟，来食！"（喂，来吃！）饿人拒绝了"嗟来"的施舍，不吃这碗饭，后来就饿死了。不食嗟来之食这个故事很有名，传说了千百年，也是有积极意义的。那人摆着一副慈善家的面孔，吆喝一声："喂，来吃！"这个味道是不好受的。吃了这碗饭，第二步怎样呢？显然，他不会白白施舍，吃他的饭就要替他办事。那位穷人是有骨气的：看你那副脸孔、那个神气，宁可饿死，也不吃你的饭。

不食嗟来之食，表现了中国人民的骨气。

还有个例子。民主战士闻一多是在1946年7月15日被国民党反动派枪杀的。在这之前，朋友们得到要暗杀他的消息，劝告他暂时隐蔽，他毫不在乎，照常工作，而且更加努力。明知敌人要杀他，在被害前几分钟还大声疾呼，痛斥国民党特务，指出他们的日子不会很长久了，人民民主一定得到胜利。毛泽东主席在《别了，司徒雷登》一文中指出："许多曾经是自由主义者或民主个人主义者的人们，在美国帝国主义者及其走狗国民党反动派面前站起来了。闻一多拍案而起，横眉怒对国民党的手枪，宁可倒下去，不愿屈服。"高度赞扬他表现了我们民族的英雄气概。

孟子的这些话，虽然是在两千多年以前说的，但直到现在，还有它积极的意义。当然我们无产阶级有自己的英雄气概，有自己的骨气，这就是决不向任何困难低头，压不扁，折不弯，顶得住，吓不倒，为了社会主义、共产主义建设的胜利，我们一定能够克服任何困难，奋勇前进！

# 3. 海滨仲夏夜

⊙峻　青

夕阳落山不久，西方的天空，还燃烧着一片橘红色的晚霞。大海，也被这霞光染成了红色，而且比天空的景色更要壮观。因为它是活动的，每当一排排波浪涌起的时候，那映照在浪峰上的霞光，又红又亮，简直就像一片片霍霍燃烧着的火焰，闪烁着，消失了。而后面的一排，又闪烁着，滚动着，涌了过来。

天空的霞光渐渐地淡下去了，深红的颜色变成了绯红，绯红又变为浅红。最后，当这一切红光都消失了的时候，那突然显得高而远了的天空，则呈现出一片肃穆的神色。最早出现的启明星，在这深蓝色的天幕上闪烁起来了。它是那么大，那么亮，整个广漠的天幕上只有它在那里放射着令人注目的光辉，活像一盏悬挂在高空的明灯。

夜色加浓，苍空中的“明灯”越来越多了。而城市各处的真的灯火也次第亮了起来，尤其是围绕在海港周围山坡上的那一片灯光，从半空倒映在乌蓝的海面上，随着波浪，晃动着，闪烁着，像一串流动着的珍珠，和那一片片密布在苍穹里的星斗互相辉映，煞是好看。

在这幽美的夜色中，我踏着软绵绵的沙滩，沿着海边，慢慢地向前走去。海水，轻轻地抚摸着细软的沙滩，发出温柔的唰唰声。晚来的海风，清新而又凉爽。我的心里，有着说不出的兴奋和愉快。

夜风轻飘飘地吹拂着，空气中飘荡着一种大海和田禾相混合的香味，柔软的沙滩上还残留着白天太阳炙晒的余温。那些在各个工作岗位上劳动了一天的人们，三三两两地来到了这软绵绵的沙滩上，他们浴着凉爽的海风，望着那缀满了星星的夜空，尽情地说笑，尽情地休憩。愉快的笑声，不时地从这儿那儿飞扬开来，像平静的海面上不断地从这儿那儿涌起的波浪。

我漫步沙滩，徘徊在我的乡亲朋友们中间。我看到，在那边，在一只底儿朝上反扣在沙滩上的木船旁边，是一群刚从田里收割麦子归来的人们，他们在谈论着今年的收成。今春，雨水足，麦苗长得旺，收成比去年好。眼下，又下了一场透雨，秋后的丰收局面，也大体可以确定下来了。人们为这大好年景所鼓舞着，谈话中也充满了愉快欢乐的笑声。

月亮上来了。

是一轮灿烂的满月。它像一面光辉四射的银盘似的，从那平静的大海里涌了出来。大海里，闪烁着一片鱼鳞似的银波。沙滩上，也突然明亮了起来，一片片坐着、卧着、走着的人影，看得清清楚楚了。啊！海滩上，居然有这么多的人在乘凉。说话声、欢笑声、唱歌声、嬉闹声，响遍了整个的海滩。

月亮升得很高了。它是那么皎洁，那么明亮。

夜已经深了。

沙滩上的人，有的躺在那软绵绵的沙滩上睡着了，有的还在谈笑。凉爽的风轻轻地吹拂着，皎洁的月光照耀着。让这些英雄的人们，在这自由的天幕下，干净的沙滩上，海阔天空地尽情谈笑吧，酣畅地休憩吧。

# 4. 北京的秋花（节选）

⊙汪曾祺

秋季广交会上摆了很多盆菊花。广交会结束了，菊花还没有完全开残。有一个日本商人问管理人员："这些花你们打算怎么处理？"答云："扔了！"——"别扔，我买。"他给了一点钱，把开得还正盛的菊花全部包了，订了一架飞机，把菊花从广州空运到日本，张贴了很大的海报："中国菊展"。卖门票，参观的人很多。他捞了一大笔钱。这件事叫我有两点感想：一是日本商人真有商业头脑，任何赚钱的机会都不放过，我们的管理人员是老爷，到手的钱也抓不住。二是中国的菊花好，能得到日本人的赞赏。

中国人长于艺菊，不知始于何年，全国有几个城市的菊花都负盛名，如扬州、镇江、合肥，黄河以北，当以北京为最。

菊花品种甚多，在众多的花卉中也许是最多的。

首先，有各种颜色。最初的菊大概只有黄色的。"鞠有黄华①""零落黄花满地金"，"黄华"和菊花是同义词。后来就发

① 出自《礼记·月令》："季秋之月，鞠有黄华。"鞠，菊花的古称。

展到什么颜色都有了。黄色的、白色的、紫的、红的、粉的，都有。挪威的散文家别伦·别尔生说各种花里只有菊花有绿色的，也不尽然，牡丹、芍药、月季都有绿的，但像绿菊那样绿得像初新的嫩蚕豆那样，确乎是没有。我几年前回乡，在公园里看到一盆绿菊，花大盈尺。

其次，花瓣形状多样，有平瓣的、卷瓣的、管状瓣的。在镇江焦山见过一盆“十丈珠帘”，细长的管瓣下垂到地，说“十丈”当然不会，但三四尺是有的。

北京菊花和南方的差不多，狮子头、蟹爪、小鹅、金背大红……南北皆相似，有的连名字也相同。如一种浅红的瓣，极细而卷曲如一头乱发的，上海人叫它“懒梳妆”，北京人也叫它“懒梳妆”，因为得其神韵。

有些南方菊种北京少见。扬州人重“晓色”，谓其色如初日晓云，北京似没有。“十丈珠帘”，我在北京没见过。“枫叶芦花”，紫平瓣，有白色斑点，也没有见过。

我在北京见过的最好的菊花是在老舍先生家里。老舍先生每年要请北京市文联、文化局的干部到他家聚聚，一次是腊月，老舍先生的生日（我记得是腊月二十三）；一次是重阳节左右，赏菊。老舍先生的哥哥很会莳弄菊花。花很鲜艳；菜有北京特点（如芝麻酱炖黄花鱼、“盒子菜”）；酒“敞开供应”，既醉既饱，至今不忘。

我不赞成搞菊山菊海，让菊花都按部就班，排排坐，或挤成一堆，闹闹嚷嚷。菊花还是得一棵一棵地看，一朵一朵地看。更不赞成把菊花缚扎成龙、成狮子，这简直是糟蹋了菊花。

# 5. 请注重外在美

⊙田谱闻

“好看的皮囊千篇一律，有趣的灵魂万里挑一”是一句网络用语，强调人不要过多地追求外在美，内在美才更有价值。然而人们好像进入了一个误区，内在美谈得多了，往往忽略了外在美，有的甚至以不修边幅为荣。我也喜欢有趣的灵魂，可是若没有好看的皮囊，这灵魂不知要飘荡多久才能找到归宿。我想说，外在美也很重要。

外在美真的那么重要吗？

没错，外在美会吸引人们观察你的内在。“凤雏”庞统，与诸葛亮才能不相上下，却因为生得奇丑无比，只被刘备任命为县令，一身抱负无法施展。若不是张飞慧眼识珠，庞统或许要当一辈子县令。设想一下，如果庞统玉树临风，那么他的才华可能会更早被发现，求职之路就不会一波三折。为什么蒙娜丽莎的微笑让我们猜测了几个世纪？为什么宋元的山水画让我们说不尽、道不完？这不就是因为事物的外在形象让我们更加关注，进而发现了它们更多的内涵之美吗？

所以，外在美无论在工作、学习还是生活中都具有更大的优势。看到衣衫褴褛的流浪汉，很少有人会幻想他实际上是学富五车、才高八斗的状元郎；但当看到你身着配上精致温莎结的西装，肯定有人会主动和你互换名片，因为这会让人相信你精致的打扮是内在美的一种外在表现形式。

那么，何谓外在美？

我们不能把外在美局限于容貌，亲和力、阳光、健康活力、灿烂的笑容等，一切不需要深入交流就能展现给他人的美都属于外在美。外在美是主持人董卿采访老翻译家时“跪下”的身躯，是刘翔夺冠后身披国旗奔跑的英姿，是外交部部长王毅谈判时霸气的目光和充满自信的微笑，是钟南山院士奔赴疫区匆匆的脚步……

那么，怎样才能拥有外在美呢？

一个人的外在美，可以从挺拔的姿态、自信的神情、善意的行为……体现出来，而拥有它们的最好方式是沉淀学识与修养、丰富精神与灵魂，比如，自律，读书，讲“礼”……精致的妆容，儒雅的谈吐，优雅的礼仪，不用提醒的自觉，为他人着想的善良，都会让你看起来很美……还有，当你不知怎样才能更美时，请展露你的笑容，因为你微笑的样子很美。

让自己内外兼修，成为一个“可爱的人”吧。内在美是外在美的基础，外在美是内在美的表现，内容永远离不开形式。在没人知晓你有趣的灵魂和高尚的情操前，先穿上一套得体的衣服，优雅地叩响前方的大门，和每一个如你一般精致的人恭谦礼貌地握手吧。

愿你拥有有趣的灵魂，也愿你拥有好看的皮囊。

（学生习作）

## 《论语》成语集萃（和谐篇二）

### 文武之道

【释义】指周文王、周武王治理国家的方法。现比喻生活和工作要劳逸结合。

【出处】子贡曰："文武之道，未坠于地，在人。贤者识其大者，不贤者识其小者，莫不有文武之道焉。夫子焉不学？而亦何常师之有？" ——《论语·子张》

### 名正言顺

【释义】原指名分正当，说话合理。后多指做某事名义正当，道理也说得通。

【出处】子曰："名不正，则言不顺；言不顺，则事不成；事不成，则礼乐不兴。" ——《论语·子路》

# 整本书阅读

## 镜花缘

⊙〔清〕李汝珍

### 阅读导航

同学们，你知道《镜花缘》是一本什么样的书吗？

《镜花缘》共计100回，书中讲述了武则天时代的一个海外奇闻。小说前半部分主要写落第秀才唐敖与多九公等人出海远游，在“君子国”“长人国”等海外诸“神话国家”的奇异经历，以及后来到小蓬莱求仙隐居的生活；后半部分主要写武则天称帝后，在科举考试中设一女科，百名才女应试，以及考取功名后在一起饮酒游戏、赋诗谈笑的欢快情景。相较而言，前五十回，也就是唐敖所畅游的那些奇幻国度是全书的精华，同时也是作者李汝珍创作的精华所在。唐太宗曾经说：“以铜为鉴，可正衣冠；以古为鉴，可知兴替；以人为鉴，可明得失。”唐敖所畅游的那些国度，正是李汝珍呈现给读者的一面又一面的镜子。有的是正面的镜子，譬如“君子国”“大人国”等；有的是反面的镜子，譬如“穿胸国”；有充满哲学意味的，譬如“无继国”“无齿国”“白民国”等；也有充满想象力和趣味性的，譬如“聂耳国”“翼民国”等。

作者在书中对海外诸国经历的描绘，充满了瑰丽奇幻的想象力，堪称一幅幅绚丽斑斓的异域彩图。这部作品幽默诙谐、活泼有趣，委婉曲折地表达了对现实社会的不满，具有一定的民主思想，同时，又蕴含着人生空幻和哀悼女子不幸命运的意识。

## 精彩选篇

### 第二十五回　越危垣潜出淑士关　登曲岸闲游两面国（节选）

走了几日，到了两面国。唐敖要去走走。徐承志恐驸马差人追赶，设或遇见，又费唇舌，因此不去。多九公道："此国离海甚远，向来路过，老夫从未至彼，唐兄今既高兴，倒要奉陪一走。但老夫自从东口山赶那肉芝，跌了一交，被石块垫了脚胫，虽已痊愈，无如上了年纪，气血衰败，每每劳碌，就觉疼痛，近来只顾奉陪，畅游连日，竟觉步履不便。此刻上去，倘道路过远，竟不能奉陪哩。"唐敖道："我们且去走走。九公如走得动，同去固妙；倘走不动，半路回来，未为不可。"于是约了林之洋，别了徐承志，一齐登岸。

走了数里，远远望去，并无一些影响。多九公道："再走一二十里，原可支持，惟恐回来费力，又要疼痛，老夫只好失陪了。"林之洋道："俺闻九公带有跌打妙药，逢人施送，此时自己有病，为甚倒不多服？"多九公道："这怪彼时少吃两服药，留下病根，今已日久，服药恐亦无用。"林之洋道："俺今日匆忙上来，未曾换衣，身穿这件布衫，又旧又破。刚才三人同行，还不理会。如今九公回去，俺同妹夫一路行走，他是儒巾绸衫，俺是旧帽破衣，倒像一穷一富。若教势利人看见，还肯睬俺么？”多九公笑道：“他不睬你，你就对他说：‘俺也有件绸衫，今日匆忙，未曾穿来。’他必另眼相看了。”林之洋道：“他果另眼相看，俺更要摆架子说大话了。”多九公道：“你说甚么？”林之洋道：“俺说：‘俺不独有件绸衣，俺家中还开过当铺，还有亲戚做过大官。’这样一说，只怕他们还有酒饭款待哩。”说着，同唐敖去了。

多九公回船，腿脚甚痛，只得服药歇息，不知不觉，睡了一觉。及至睡醒，疼痛已止，足疾竟自平复，心中着实畅快。正在前舱同徐承志闲谈，只见唐、林二人回来，因问道：“这两面国是何风景？为何唐兄忽穿林兄衣帽，林兄又穿唐兄衣帽？这是何意？”唐敖道：“我们别了九公，又走十余里，才有人烟。原要看看两面是何形状，谁知他们个个头戴浩然巾，都把脑后遮住，只露一张正面，却把那面藏了，因此并未看见两面。小弟上去问问风俗，彼此一经交谈，他们那种和颜悦色、满面谦恭光景，令人不觉可爱可亲，与别处迥不相同。”林之洋道：“他同妹夫说笑，俺也随口问他两句。他掉转头来，把俺上下一望，陡然变了样子：脸上冷冷的，笑容也收了，谦恭也免了。停了半晌，他才答俺半句。”多九公道：“说话只有一句、两句，怎么叫作半句？”林之洋道：“他说的话虽是一句，因他无情无绪，半吞半吐，及至到俺耳中，却只半句。俺因他们个个把俺冷淡，后来走开，俺同妹夫商量，俺们彼此换了衣服，看他可还冷淡。登时俺就穿起绸衫，妹夫穿了布衫，又去找他闲话。那知他们忽又同俺谦恭，却把妹夫冷淡起来。”多九公叹道：“原来所谓两面，却是如此！”

唐敖道：“岂但如此！后来舅兄又同一人说话，小弟暗暗走到此人身后，悄悄把他浩然巾揭起。不意里面藏着一张恶脸，鼠眼鹰鼻，满面横肉。他见了小弟，把扫帚眉一皱，血盆口一张，伸出一条长舌，喷出一股毒气，霎时阴风惨惨，黑雾漫漫。小弟一见，不觉大叫一声：‘吓杀我了！’再向对面一望，谁知舅兄却跪在地下。”多九公道：“唐兄吓的喊叫也罢了，林兄忽然跪下，这却为何？”林之洋道：“俺同这人正在说笑，妹夫猛然揭起浩然巾，识破他的行藏，登时他就露出本相，把好好一张脸变成青面獠牙，伸出一条长舌，犹如一把钢刀，忽隐忽现。俺怕他暗处杀人，心中一吓，不因不由腿就软了，望着他磕了几个头，这才逃回。九公！你道这事可怪？”多九公道：“诸如此类，也是世间难免之事，何足为怪！老夫痴长几岁，却经历不少。揆其所以，大约二位语不择人，失于检点，以致如此。幸而知觉尚早，未遭其害。此后择人而语，诸凡留神，可免此患了。”

当时唐、林二人换了衣服，四人闲谈。因落雨不能开船。到晚，雨虽住了，风仍不止。

## 第三十二回　访筹算畅游智佳国　观艳妆闲步女儿乡（节选）

行了几日，到了女儿国，船只泊岸。多九公来约唐敖上去游玩。唐敖因闻得太宗命唐三藏西天取经，路过女儿国，几乎被国王留住，不得出来，所以不敢登岸。多九公笑道：“唐兄虑的固是。但这女儿国非那女儿国可比。若是唐三藏所过女儿国，不独唐兄不应上去，就是林兄明知货物得利，也不敢冒昧上去。此地女儿国却另有不同。历来本有男子，也是男女配合，与我们一样。其所异于人的，男子反穿衣裙，作为妇人，以治内事；女子反穿靴帽，作为男人，以治外事。男女虽亦配偶，内外之分，却与别处不同。”唐敖道：“男为妇人，以治内事，面上可用脂粉？两足可须缠裹？”林之洋道：“闻得他们最喜缠足，无论大家小户，都以小脚为贵。若讲脂粉，更是不能缺的。幸亏俺生中原，若生这里，也教俺裹脚，那才坑死人哩！”因从怀中取出一张货单道：“妹夫，你看上面货物就是这里卖的。”唐敖接过，只见上面所开脂粉、梳篦等类，尽是妇女所用之物。看罢，将单递还道：“当日我们岭南起身，查点货物，小弟见这物件带的过多，甚觉不解，今日才知却是为此。单内既将货物开明，为何不将价钱写上？”林之洋道：“海外卖货，怎肯预先开价，须看他缺了那样，俺就那样贵。临时见景生情，却是俺们漂洋讨巧处。”

唐敖道：“此处虽有女儿国之名，并非纯是妇人，为何要买这些物件？”多九公道：“此地向来风俗，自国王以至庶民，诸事俭朴；就只有个毛病，最喜打扮妇人。无论贫富，一经讲到妇人穿戴，莫不兴致勃勃，那怕手头拮据，也要设法购求。林兄素知此处风气，所以特带这些货物来卖。这个货单拿到大户人家，不过三两日就可批完，临期兑银发货。虽不能如长人国、小人国大获其利，看来也不止两三倍利息。”唐敖道：“小弟当日见古人书上有‘女治外事，男治内事’一说，以为必无其事；那知今日竟得亲到其地。这样异乡，定要上去领略领略风景。舅兄今日满面红光，必有非常喜事，大约货物定是十分得彩，我们又要畅饮喜酒了。”林之洋道：“今日有两只喜鹊，只管朝俺乱噪；又有一对喜蛛，巧巧落俺脚上，只怕又像燕窝那样财气，也不可知。”拿了货单，满面笑容去了。

唐敖同多九公登岸进城，细看那些人，无老无少，并无胡须；虽是男装，却是女音，兼之身段瘦小，袅袅婷婷。唐敖道：“九公，你看他们原是好好妇人，却要装作男人，可谓矫揉造作了。”多九公笑道：“唐兄，你是这等说；只怕他们看见我们，也说我们放着好好妇人不做，却矫揉造作，充作男人哩。”唐敖点头道：“九公此话不错。俗话说的：‘习惯成自然。’我们看他虽觉异样，无如他们自古如此；他们看见我们，自然也以我们为非。此地男子如此，不知妇人又是怎样？”

多九公暗向旁边指道：“唐兄，你看那个中年老妪，拿着针线做鞋，岂非妇人么？”唐敖看时，那边有个小户人家，门内坐着一个中年妇人：一头青丝黑发，油搽的雪亮，真可滑倒苍蝇。头上梳一盘龙鬏儿，鬓旁插着许多珠翠，真是耀花人眼睛。耳坠八宝金环；身穿玫瑰紫的长衫，下穿葱绿裙儿。裙下露着小小金莲，穿一双大红绣鞋，刚刚只得三寸。伸着一双玉手，十指尖尖，在那里绣花。一双盈盈秀目，两道高高蛾眉，面上许多脂粉。再朝嘴上一看，原来一部胡须，是个络腮胡子！看罢，忍不住扑嗤的笑了一声。那妇人停了针线，望着唐敖喊道："你这妇人，敢是笑我么？"这个声音，老声老气，倒像破锣一般，把唐敖吓的拉着多九公朝前飞跑。那妇人还在那里大声说道："你面上有须，明明是个妇人；你却穿衣戴帽，混充男人！你也不管男女混杂！你明虽偷看妇女，你其实要偷看男人。你去照照镜子，你把本来面目都忘了！你这蹄子，也不怕羞！你今日幸亏遇见老娘；你若遇见别人，把你当作男人偷看妇女，只怕打个半死哩！"

唐敖听了，见离妇人已远，因向九公道："原来此处语音却还易懂。听他所言，果然竟把我们当作妇人，他才骂我'蹄子'。大约自有男子以来，未有如此奇骂，这可算得'千古第一骂'。我那舅兄上去，但愿他们把他当作男人才好。"多九公道："此话怎讲？"唐敖道："舅兄本来生的面如傅粉；前在厌火国，又将胡须烧去，更显少壮，他们要把他当作妇人，岂不耽心么？"多九公道："此地国人向待邻邦最是和睦，何况我们又从天朝来的，更要格外尊敬。唐兄只管放心。"

## 阅读规划

读书有许多方法，如精读与跳读、摘录与批注、诵读与默读等，你阅读《镜花缘》时用到了哪些方法呢？按照精读和跳读结合的方式，挑选你喜欢的章回，完成下面的“《镜花缘》读书卡”。

提示：1. 与同学们交流阅读方法。

2. 请教有阅读经验的人，或者去图书馆查阅、利用网络搜集资料，看看有哪些读书的方法可供参考。

**《镜花缘》读书卡**

| 阅读时间 | 阅读时长 | 阅读章回 | 故事梗概 | 阅读笔记 |
|---|---|---|---|---|
| | | | | |
| | | | | |
| | | | | |
| | | | | |
| | | | | |
| | | | | |
| | | | | |

## 交流平台

在阅读《镜花缘》的过程中，不妨思考下面这些问题。可以进行专题讨论或辩论，也可以把思考结果写成读书笔记。

任务一：李汝珍在作品中极力表现女子的聪明才智。他指出：“况今日：灵秀不钟于男子。”作品中所展示的百位下凡的才女，你最喜欢哪一位？写出你喜欢她的理由。

提示：1. 跳读全文，尽量找到所有相关情节，阐述理由。

2. 为什么说李汝珍笔下的女性形象在当时是难能可贵的？

任务二：《西游记》和《镜花缘》中都有“女儿国”的情节，比较两者的异同。

提示：1. 精读《西游记》中唐僧和《镜花缘》第三十二至三十四回林之洋在“女儿国”的经历，抓住相关细节。

2. 比较两部作品中作者写主人公在“女儿国”经历的用意。

任务三：书中的海外历险，哪个情节最为新奇有趣，让你印象最深刻？请简要概括故事情节并说明理由，可以和伙伴们组织一次讨论或读书报告活动。

提示：1. 请注意从书中寻找依据，可以抓住情节中的一些细节。

2. 文章常通过语言描写表现人物形象，抓住相关语言品析人物形象。用几句话对其中的人物或故事情节做个简短的评论。

# 敬 启

为编好这本书，我们与收入本书的作品（含图片）作者进行了广泛联系，得到了各位作者的大力支持。在此，我们表示衷心的感谢。但是，由于个别作者地址不详，虽经多方努力，仍无法取得联系。敬请各位有著作权的作者尽快与我们联系，以便我们支付稿酬，并致谢忱！

我们还要感谢使用本书的师生们。希望你们在使用本书的过程中，能够及时把意见和建议反馈给我们，对此，我们深表谢意，并将给予一定奖励。让我们携起手来，共同完成本书的建设工作。

联 系 人：梁老师　张老师

联系电话：010-58022100

联系邮箱：ztxx2008@sina.com

网　　址：http://www.ywztxx.com

地　　址：北京市海淀区知春路7号致真大厦A座18层

图书在版编目（CIP）数据

百味人生 / 刘颖异主编. — 上海 : 上海教育出版社, 2021.6

ISBN 978-7-5720-0815-3

Ⅰ. ①百… Ⅱ. ①刘… Ⅲ. ①阅读课—初中—教学参考资料 Ⅳ. ①G634.333

中国版本图书馆CIP数据核字（2021）第142047号

责任编辑 朱剑茂 顾 翊
封面设计 陈丽娟 王艺霖
著作权人 北京华樾教育科技有限公司

**百味人生**

**刘颖异 主编**

出版发行 上海教育出版社有限公司
官　　网 www.seph.com.cn
地　　址 上海市永福路 123 号
邮　　编 200031
印　　刷 阳谷毕升印务有限公司
开　　本 720×1010 1/16 印张 66
字　　数 900千字
版　　次 2021年8月第1版
印　　次 2021年8月第1次印刷
书　　号 ISBN 978-7-5720-0815-3/G·0631
定　　价 268.00元

如发现质量问题，请向本社调换 电话 021-64377165